いちばん
カンタン!

投資信託の超入門書

湯之前 敦

高橋書店

投資信託の特徴

3 月々1,000円から運用できる

おサイフに
やさしいかも!
※100円からでもできます

4 高い運用利回りも期待できる

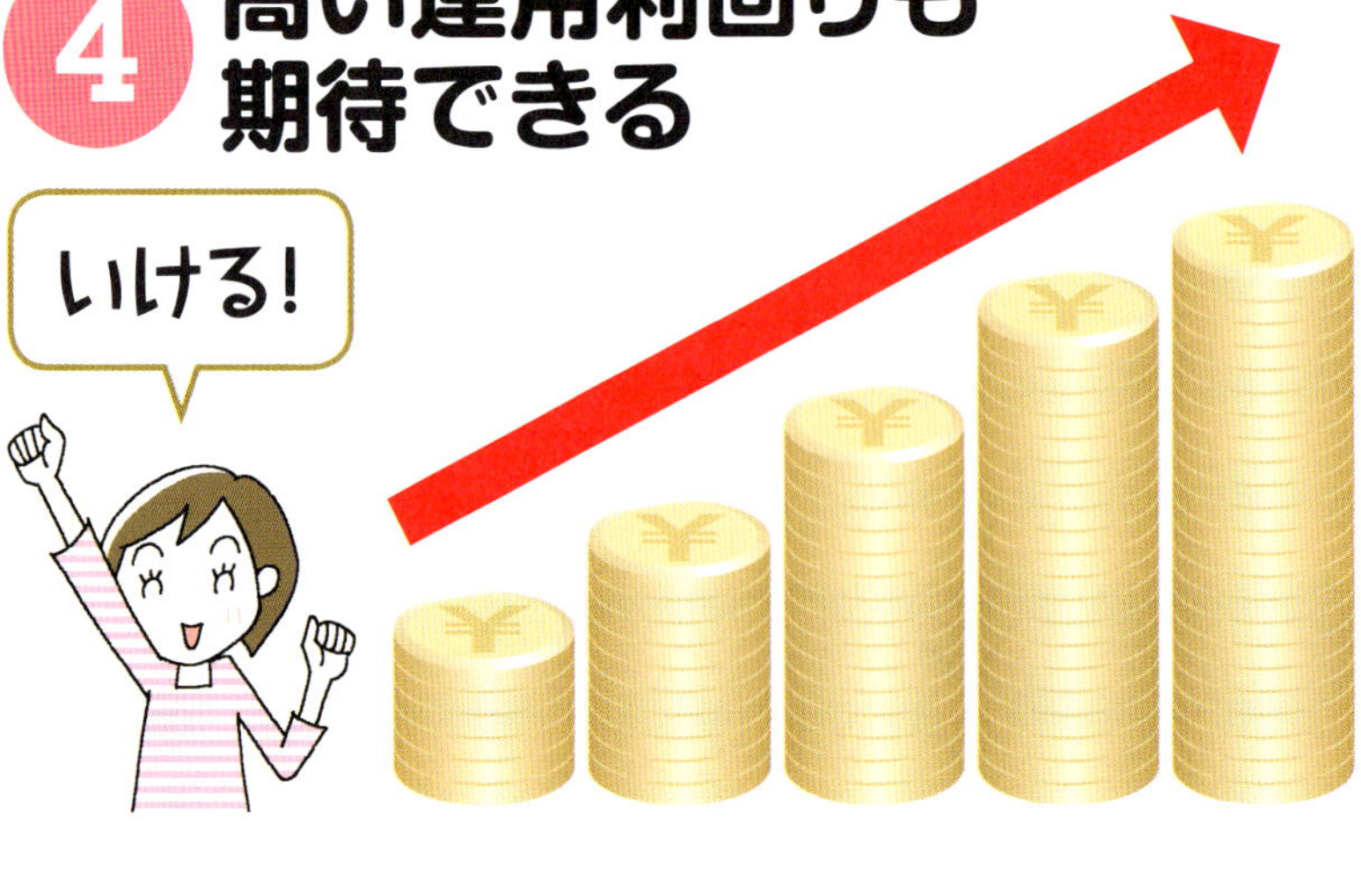
いける!

ひと目でわかる！

1 いろいろな金融商品をパッケージにしたもの

2 運用はプロ任せ

魅力1

専門スキルが必要ない!!

株式投資の場合

運用は自己判断で行う

- 企業の業績や決算などを分析する
- 経営方針や株主比率などを調べる
- チャートから株価の推移を分析する
- 配当性向など専門的な指数などを調べる
- 自分で売買して収益を目指す

⋮

株式投資には専門スキルが要る

株式投資ではおもに売買益を狙うので当然、値上がりする企業の株を買うことになります。

株価が動く背景には、その国の経済情勢や為替変動のほかに、その業界の動向や企業の業績など、さまざまな要因があります。

そのため、業界や企業を株価などから研究したり、相場を読んで売買のタイミングを見極めたりする、運用に関する**専門スキルがないとうまくいきません**。

このような専門スキルが必要な

投資信託の場合

●運用はプロに任せる

- 投資信託（ファンド）の種類を選ぶ
- 説明書（目論《もくろ》見書《みしょ》）を確認する
- 運用状況を定期的に確認する

のは、巷でよく聞くＦＸや商品先物取引といった投資でも同じです。感覚任せで勝てるようなものではありません。

スキルはプロ任せの投資信託

投資信託は、株式などと違って、おもに運用利回りを考えて投資するもので、運用のプロが運用方針や銘柄を決めて運用します。

投資家は内容や実績を確かめながら投資信託の種類を検討し、投資します。そして、定期的に運用状況を確認すればよいのです。

投資家に運用に関する特別なスキルは必要ないので、初心者の方でも取り組みやすいといえます。

魅力2

少ない金額でもできる

少ない資金で始められる

投資信託では、毎月100円からの積み立てでも運用を始められます。

しかも、投資信託次第で預金よりもかなり高い利回りを期待できます。

たとえば、**年利5％の利回りを目指して運用した場合でも、たんに預金するのとでは、かなり大きな差になるのです。**

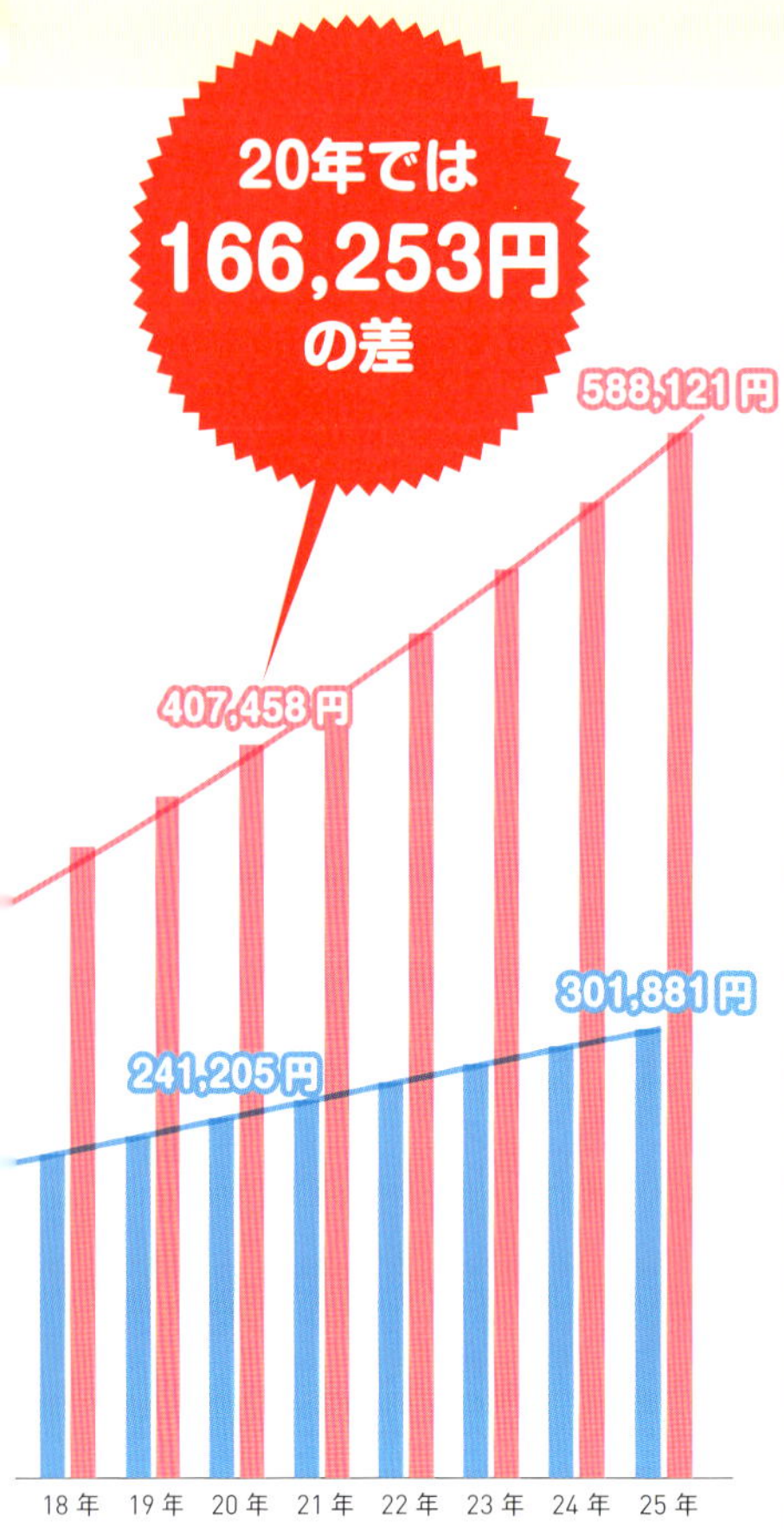

十分な利益を確保

少額積み立ての場合、積み立て当初はたいした額になりません。それでも、利回りを確保しながら10年、20年と続けていけば、積み立て額の倍近くまで増えていきます。

金融機関によって、取り扱っている投資信託の数や最低積立金額と増額時の金額単位などが変わってきます。

ここでは、多くの金融機関から自分に合ったところを選んでいくことも大切です。

毎月1,000円の積立運用でこれだけの差が出る
「年利5%の運用（複利）」と「年利0.05%の預金」

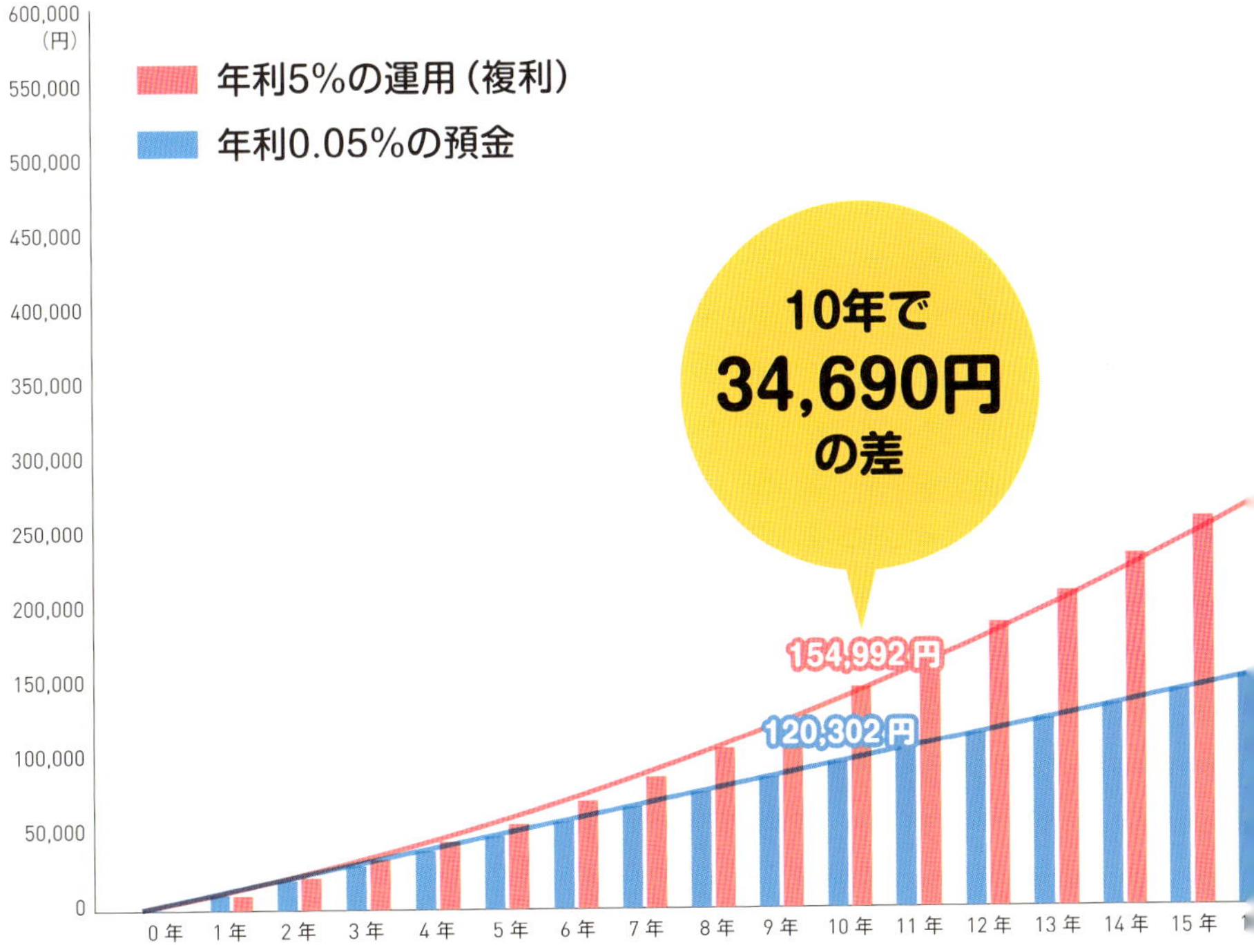

●おもな金融機関の最低積立金額・積立金額単位・積立ファンド数（2017年10月現在）

金融機関	最低積立金額	積立金額単位	積立ファンド数
SBI証券	100円〜	1円単位	2,331本
楽天証券	100円〜	1円単位	2,295本
野村證券	5,000円〜	1,000円単位	634本
ゆうちょ銀行	5,000円〜	1,000円単位	110本
みずほ銀行	1,000円〜	1,000円単位	228本

魅力3

一度にいろいろ投資できる

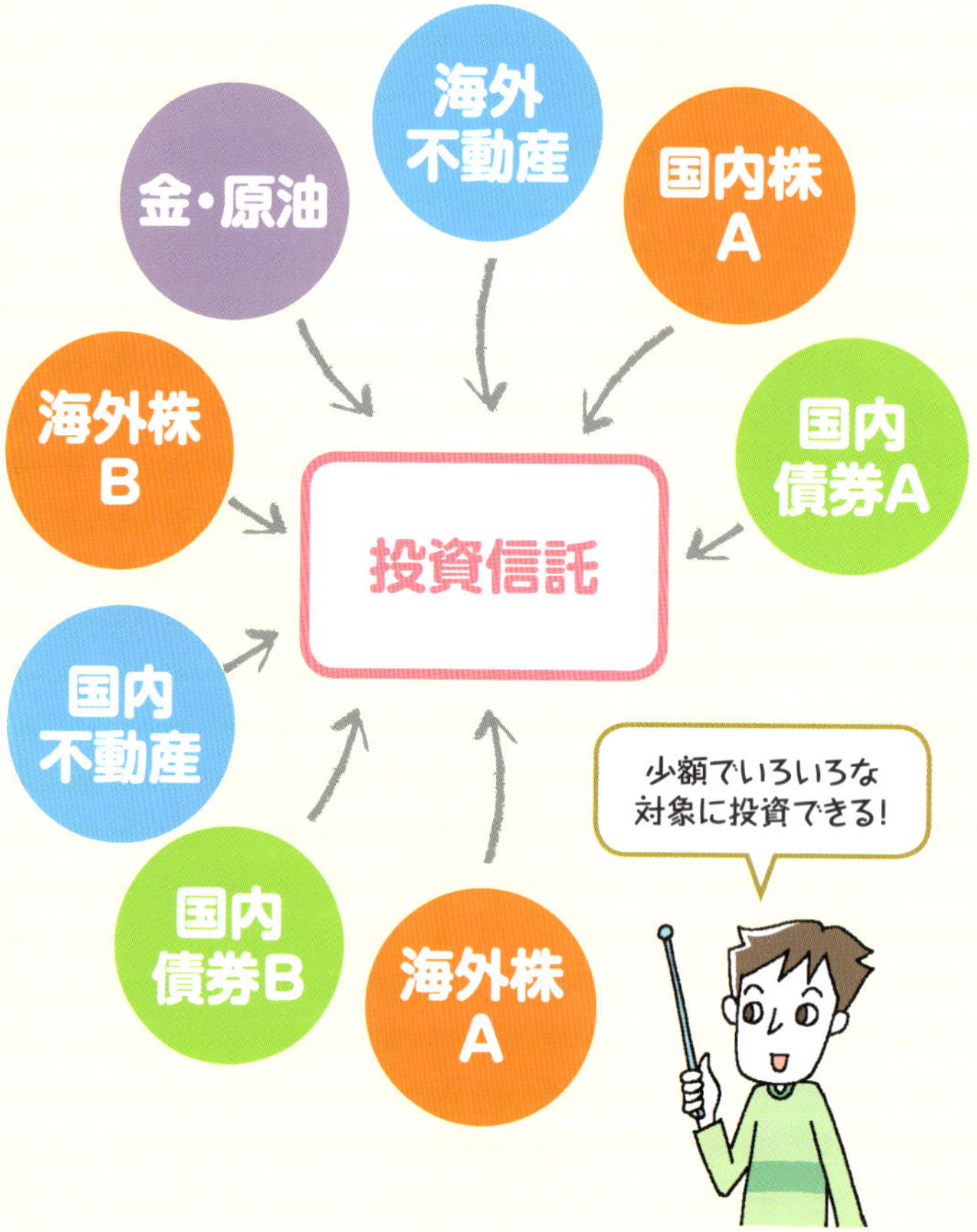

投資対象・地域はさまざま

投資信託は、あらゆる分野の金融商品を投資対象にしています。株式や債券だけでなく、不動産や金、原油などにも投資・運用する投資信託もあるのです。

これらに直接投資するには大金が必要になります。しかし投資信託であれば、**少額で投資・運用できるのです**。

また投資先は、日本国内だけではありません。海外の先進国・新興国の株式や不動産といった金融商品も選択できます。対象・地域

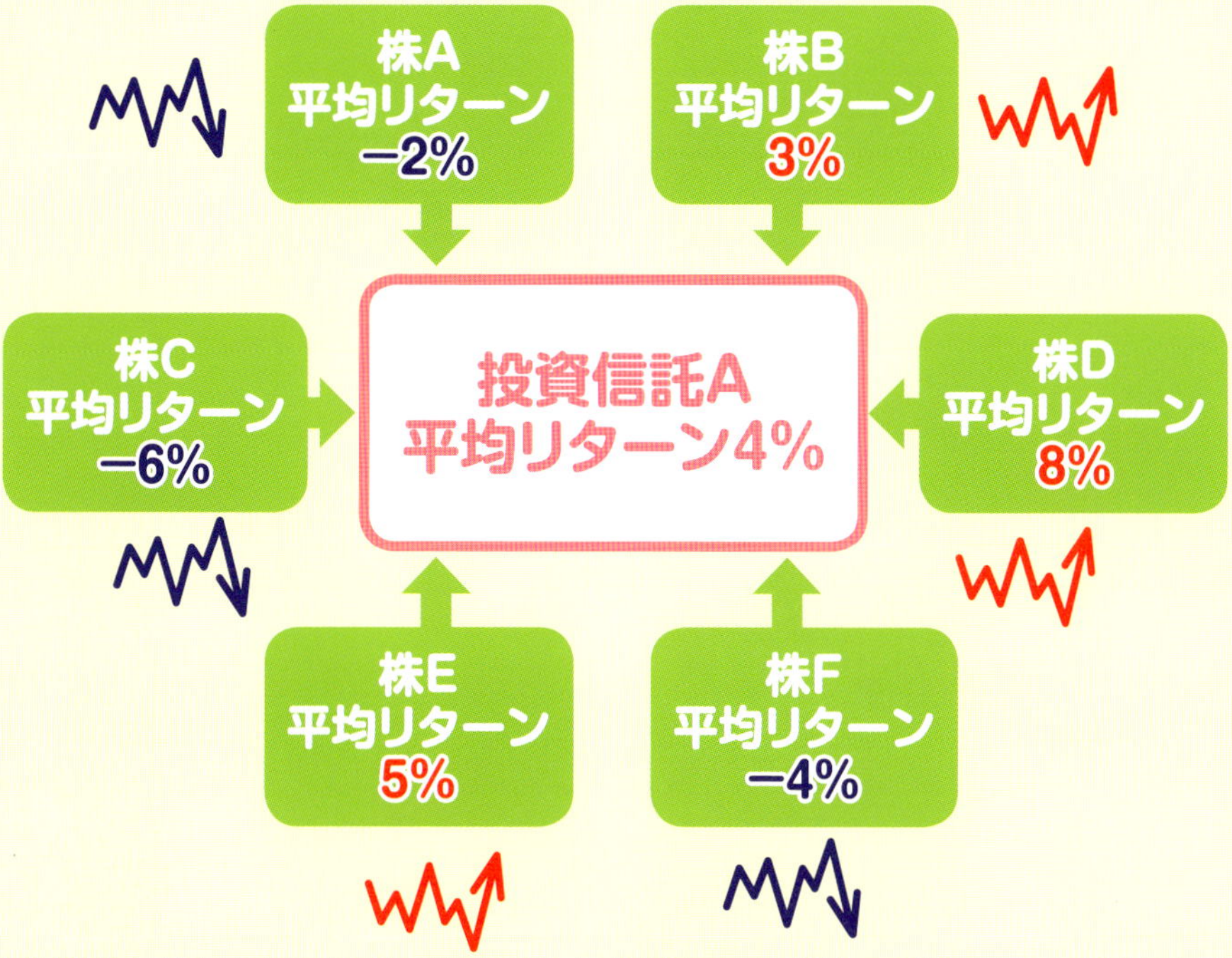

ともに幅広く運用できます。

リスクを抑えて運用もラク

投資信託には、株式など一つの金融商品にだけではなく、あらゆるものにバランスよく投資しているものもあります（バランス型といいます）。この場合、自動的にリスクを分散していることになります。

その結果、**初心者でも自然にリスクを分散しながらの運用ができるのです**。

一方で、株式投資などほかの運用法では、自ら多大なリスクをこうむることまで考えながら運用していかなければならないので、投資家に求められるスキルはかなり高いのです。

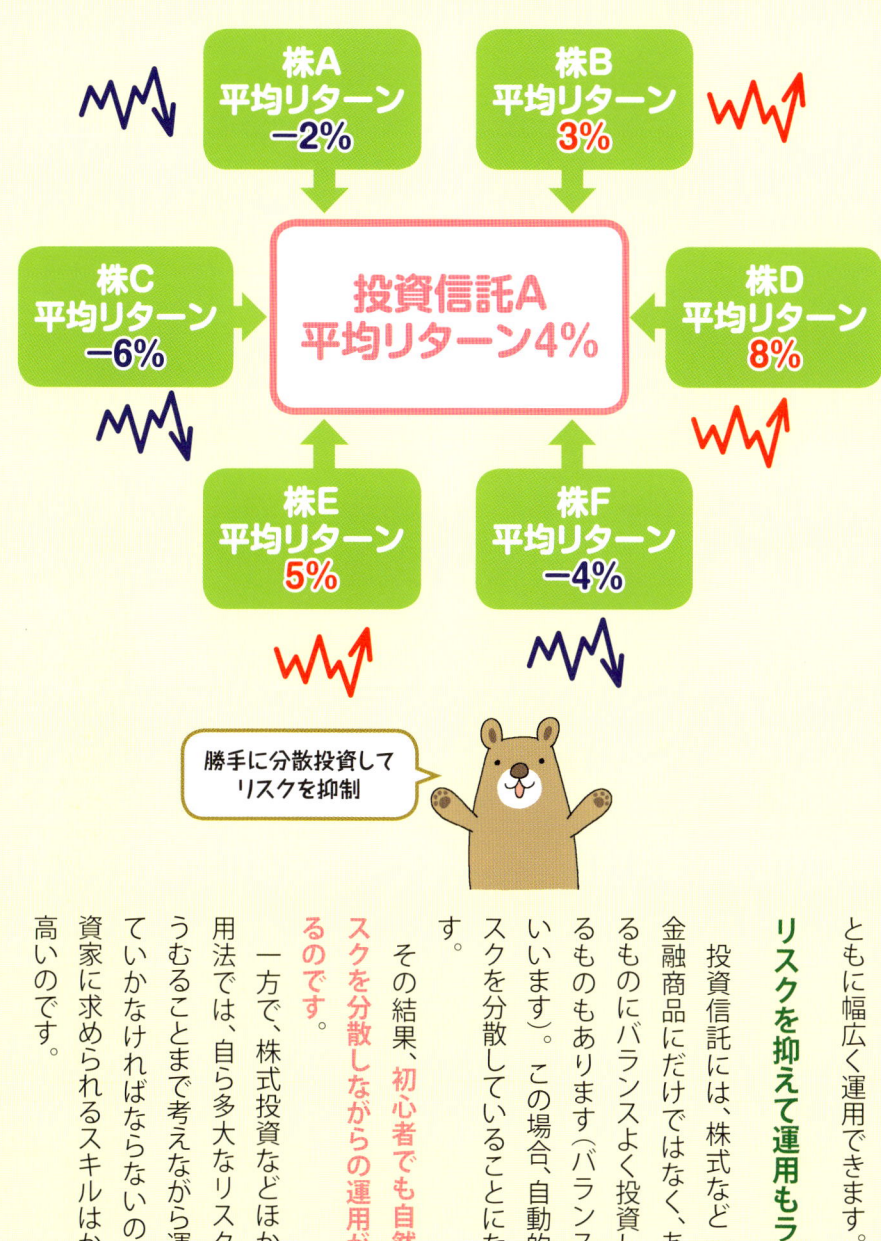

注意

リターンもあればリスクもある

投資信託のおもなリスク

●価格変動リスク	投資信託が組み入れている**株式や債券の価格**が変動するリスク
●為替変動リスク	**為替レート**が変動するリスク。海外の株式や債券などを組み入れた投資信託などに起こる
●信用リスク	債券を発行する国や企業が、**債務を履行できない（潰れる）とき**に負うリスク。債券を組み入れた投資信託に起こる
●金利変動リスク	金利が変動したときのリスク。債券などは**金利の変動**によって価格も変わる

元本は保証されていない

投資信託は、値動きする株や債券などで運用しています。

そのため、**組み入れている株や債券などの価格が変われば、投資信託の価格も変わるので、当然リスクも発生します**。また、元本は保証されていません。

なかでも投資信託のリスクには、「価格変動リスク」「為替変動リスク」「信用リスク」「金利変動リスク」があります。

これらについての具体的な説明は、目論見書《もくろみしょ》（投資信託の説明書）に載っています。

リスクも考えて運用する

投資信託の最大のリスクは、「価格変動」のリスクです。

組み入れている株式や債券などの価格が動くほど、投資信託の価格も動きます。

つまり、**リスクが大きくなればなるほど、リターンも大きくなるということです**。リスクとリターンはつねに同等と捉える必要があります。投資信託を行うには、リターンだけでなくリスクも考えなければなりません。

投資信託で失敗するパターン

1 推奨商品をうのみにする

売れ筋や金融機関がすすめる投資信託をうのみにして買ってしまうと、たいてい失敗します。
売れ筋などの情報は、参考程度にとどめましょう。

2 運用のしくみを理解していない

購入する投資信託にどんな金融商品が組み込まれているかなど、しくみを理解しないまま買ってしまうと思わぬ失敗につながります。
「分配金が高いからトク」などと、安易な理由で買わないよう注意。

3 ひんぱんに売買を繰り返す

ひんぱんに売買することで、売買時の手数料や運用コストがかさんでしまい、ソンすることも多いのです。
運用の見直しは定期的に行いましょう。頻繁に行ってはいけません。

4 預金金利とのセット商品で失敗

銀行などで、預金金利の優遇とセットで販売されている投資信託を購入し、失敗するパターン。
預金金利よりも投資信託の運用マイナスのほうが大きくなってしまうのです。

投資信託は
これからの資産形成に欠かせない

１％割れの低金利は21年間続いている

日本の定期預金の金利は、１９９６年に１％を割って以降、２０１７年まで一度も１％を超えたことがない、未曽有の低金利状態が続いています。銀行に預けておけば資産が増えるというのはもう遠い昔の話であり、今後、このような時代が来ることはほぼ皆無といえるでしょう。

すでに資産は、預けるという時代ではなく、運用する時代になっているのです。

たとえば２０１７年から、個人が自助努力で年金を作るための個人型確定拠出年金制度「ｉＤｅＣｏ（イデコ）」が始まっています。これは、金利だけを頼りにしていては老後資産は増加せず、自分で運用して増やす努力をしていかなければ枯渇すると、国が考えたからです。

この時代だからこそ「投資信託」

そこで運用を考えるとき、「投資信託」は有益で取り組みやすい金融商品といえるのです。前述したｉＤｅＣｏも、おもに「投資信託」で運用する年金制度です。

「わからないから、やらなくていい」と思っていたとしても、いずれ「投資信託」は、今後の資産形成や老後の年金形成に切り離せないものになっていきます。

本書では、この「投資信託」に初めて取り組む方に向けてわかりやすく、しくみや投資のしかたを解説していきます。

これまで「やったことがない」「怖い」など、漠然とした感覚だけで運用を検討してこなかった方も、この際、ご自身の金融資産を守り増やすためにも、ぜひとも本書を参考にしていただければと思います。

最後に、資産は「増えるものではなく、殖やすもの」であり、能動的に行動していかなければ殖やせないということをご理解ください。

著者

もくじ

PART 1 知っておきたい！投資信託のしくみ

PART 2 これでできる！投資信託の買い方

PART 3 いろいろある！投資信託の種類

PART 4 初心者におすすめ！選ぶポイントと売買のコツ

※投資は、あくまでもご自身の判断で行ってください。本書掲載の情報にしたがったことによる損害については、いかなる場合も著者および発行元は責任を負いません。

編集　アート・サプライ（丸山美紀）
デザイン・DTP　アート・サプライ（山﨑恵）
イラスト　千葉さやか
画像提供　楽天証券　モーニングスター

PART 1

知っておきたい！

投資信託のしくみ

01

投資信託って何？

購入したファンドをプロに運用してもらう

ファンドや投信とも呼ばれている

投資信託（投信）とは、単純にいえば「**投資家から集めたお金を大きな資金としてまとめて、運用の専門家が株式や債券などで運用する金融商品**」となります。

この、お金を集めて運用するというしくみから、投資信託のことを「ファンド（＝基金）」と呼ぶこともよくあります。

投資家から集めたお金の運用方針は、運用の専門家（運用会社：20ページ参照）によって決まっています。

その方針に沿って、**運用（銘柄の売買など）をファンドマネージャーと呼ばれる専門家が行うのです。**

運用先は株・債券・不動産など多種多様

投資信託の運用対象はバラエティに富んでいます。大まかに分類しても、株式や債券、不動産、指数《しすう》、コモデティ（原油や大豆、トウモロコシなどの商品）などがあります。

また日本国内だけではなく、海外の株式や債券なども対象です。アメリカやオーストラリアといった先進国はもちろん、中国やインドなどの新興国も含まれます。**幅広く世界規模の投資ができるのです。プロの目線で、**

おもに何に運用しているかでそれぞれの投資信託の特徴は異なります。その数は約６０００本あり、**投資家はその中から選んで購入します。**

用語解説　**指数**

「インデックス」とも呼ばれ、市場（マーケット）の動向を示す。株式、債券、金利、コモデティ、不動産などさまざまなマーケットの個々の価格データから、市場全体の動きがわかるように数値化したもの。

専門家が運用して成果を還元

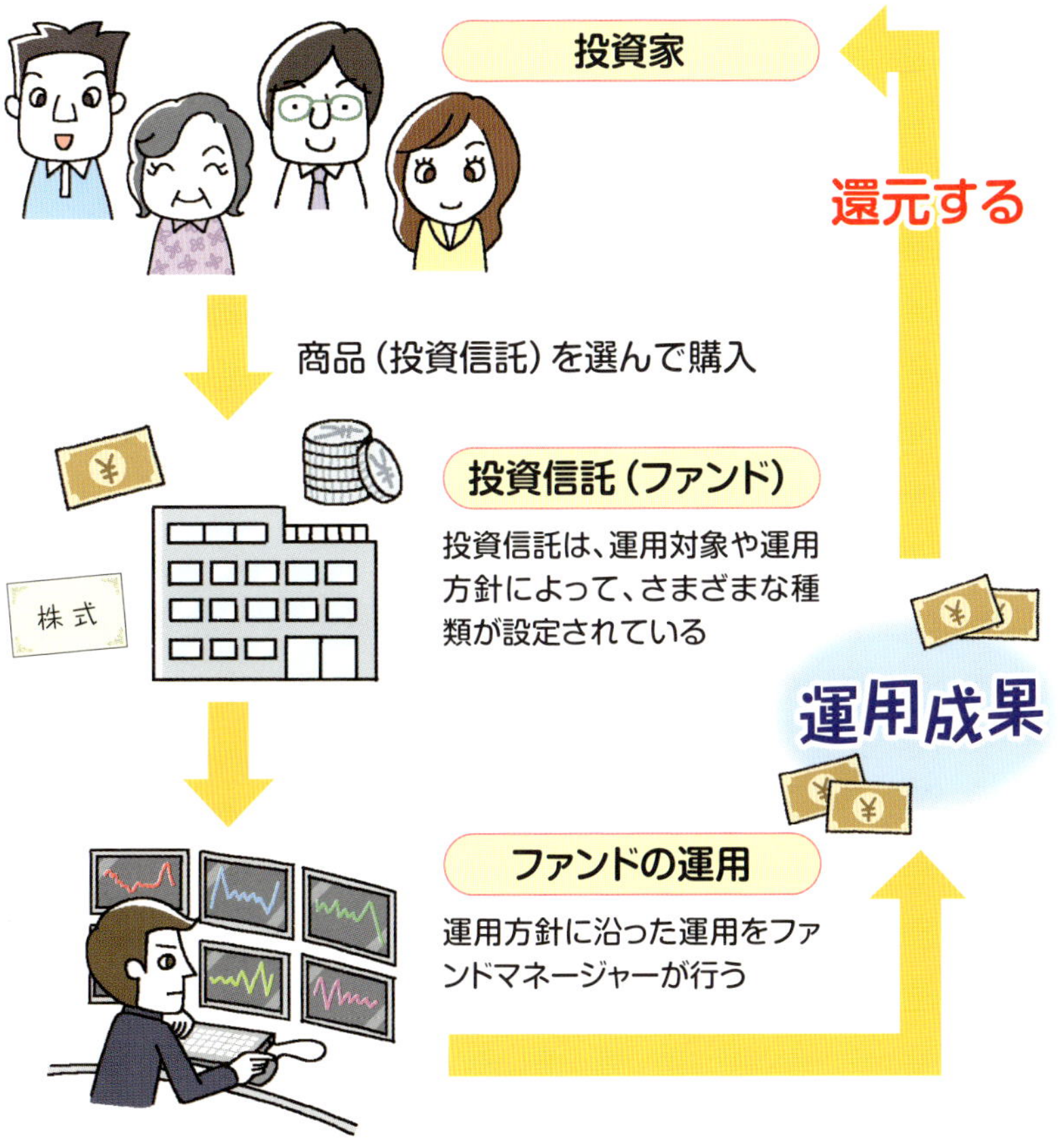

●投資信託の運用対象は多種多様

02

しくみを知ろう

3つの会社が関わっている

販売・管理・運用はそれぞれ別会社

ひとつひとつの投資信託にはそれぞれ、役割の異なる、次の3つの会社が関わっています。

①投資家に販売する「販売会社」

②投資家の資産を預かって管理し、運用会社の運用方針に基づいて売買を行う「管理会社」

③運用先や運用方針を決める「運用会社」

このように、投資信託は「販売」「資産の管理・売買」「運用・指図」を、それぞれ別のところが行うことで成り立っている金融商品なのです。

主役は「運用会社」

「販売会社」は、投資家に投資信託を紹介して販売することが、おもな役割です。証券会社や銀行、信用金庫などが担っています。

「管理会社」は、投資家から集めた資産を管理する、というのがおもな役割です。信託銀行が担います。また信託銀行は、運用会社からの指示に応じて、株式や債券などの売買も行っています。

「運用会社」は、投資信託を実際に組成（設定）し、運用方針や収益予想などを決める会社です。おもに投信委託会社と呼ばれる会社が行っています。この運用会社には、運用の指図を行うファンドマネージャーがいます。

用語解説　**分別管理**

金融商品販売業者（金融機関）が投資家（顧客）から預かった資産と自社の資産を分けて管理（保管）すること。投資信託では、信託銀行が自行の財産と区別して、ファンドの信託財産を管理する。

・投資信託は3つの会社で成り立っている・

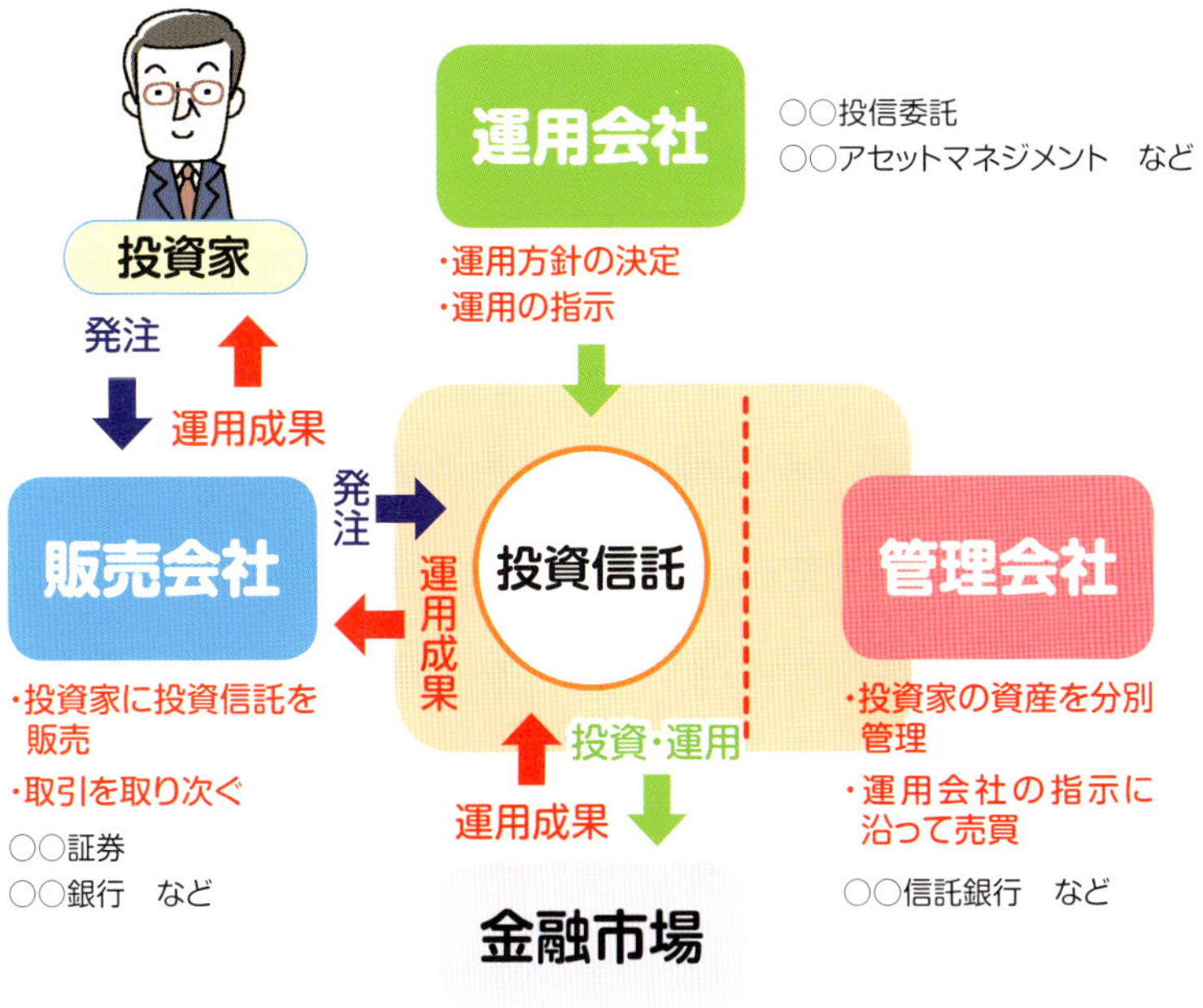

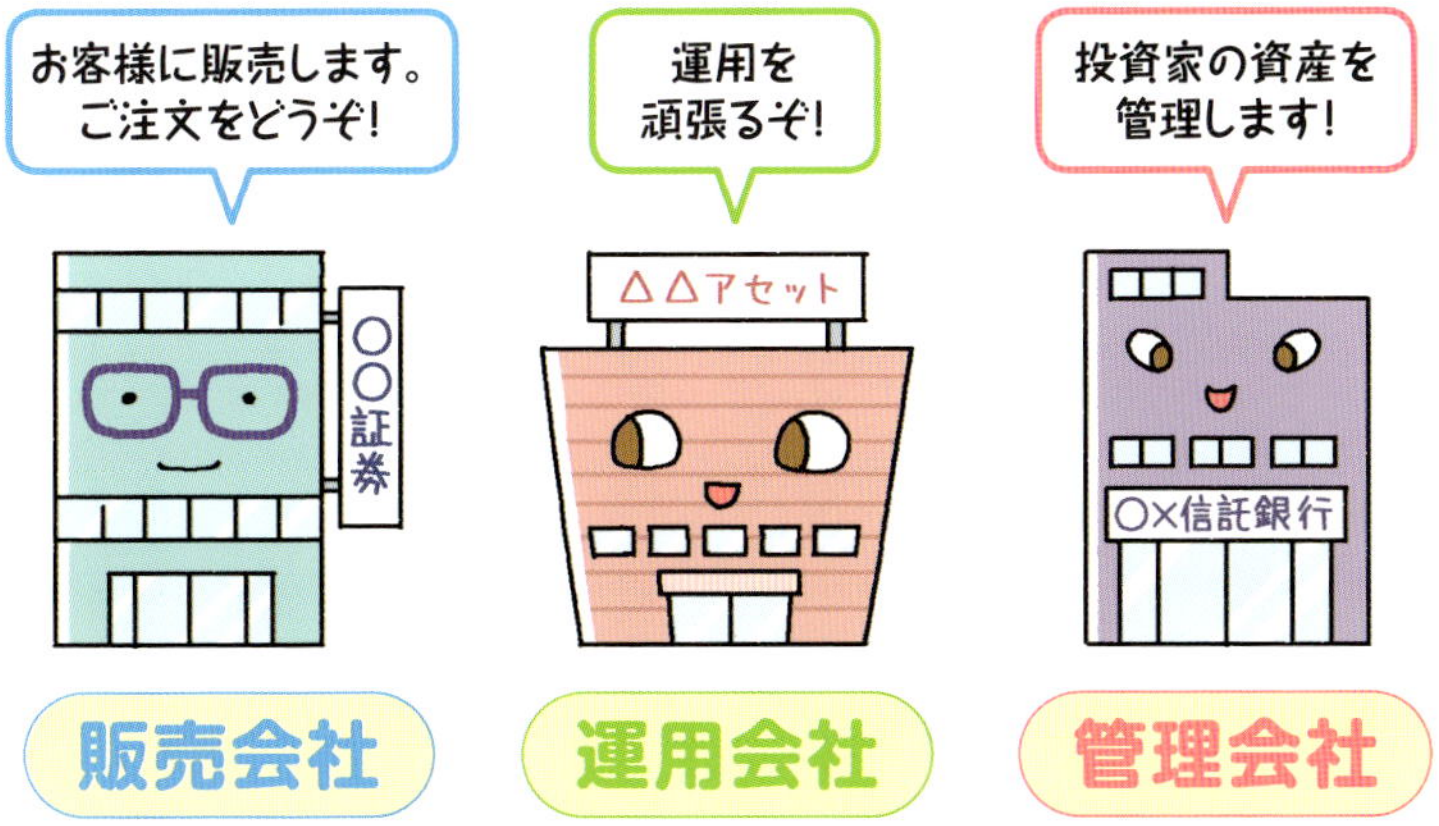

「販売」「運用」「管理」がそれぞれ分離しているので、
万一の場合にも(どれかの会社がつぶれても)
安全なしくみになっている

03

どこで買えばいい？

銀行や証券会社などで買える

窓口でもネットでも売っている

実際に投資信託を買うには「販売会社」を決めなければなりません。

販売会社には銀行・郵便局・証券会社などがあります。ただ、これらにもいい点・悪い点があります。

たとえば、銀行や証券会社の窓口で買うのと、ネット銀行やネット証券などインターネットを通して買うのではどちらがいいのでしょう？　**とくに初めての方は、販売会社それぞれの特性を知ることも大切です。**

販売会社によって売る商品も変わる

現在、日本で買える投資信託は約６０００本あります。ただそれらをすべて販売している金融機関はありません。

たとえばA銀行であれば、A銀行系列の証券会社などが取り扱う投資信託を販売しています。ただ、別の銀行でも同じものを売っていたりします。

つまり、**どんな投資信託に投資していきたいかによって、売買する販売会社を決める必要があります。**

また、商品の細かい説明を直接聞きたいのであれば、店頭窓口の証券会社や銀行がいいでしょう（その代わり、先方の売りたい商品をすすめられるなどのデメリットがあります）。

一方、自分で商品を選ぶのであれば、ネット系の証券会社や銀行がよいでしょう。

アドバイス　**直販投信の買い方**

POINT

運用会社が直接販売する投資信託は、インターネットや電話などで直接運用会社から資料請求して、その会社の口座を開設して購入することになります。口座を開設した会社以外のファンドは買えません。

いろいろな販売会社のメリット・デメリット

大手証券会社（店頭）

おもなメリット

・対面で相談できる

おもなデメリット

・販売手数料が高い
・ファンドの種類が系列の運用会社中心になっている

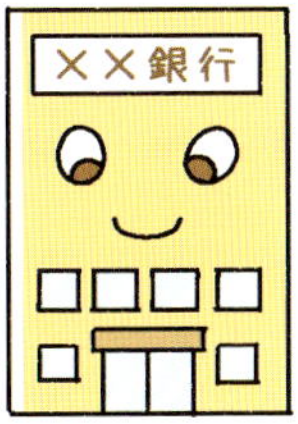

銀行・ゆうちょ（店頭）

おもなメリット

・対面で相談できる

おもなデメリット

・販売手数料が高い
・ファンドの種類が少ない
・資産運用の専門家が対応するとは限らない

ネット証券会社

おもなメリット

・販売手数料が安い
・ファンドの種類が豊富

おもなデメリット

・投資家が銘柄を判断する必要がある
・インターネットを使えないとできない

運用会社直販

おもなメリット

・管理コスト等が安く設定されている
・運用方針が明確である

おもなデメリット

・限られたファンドのみの販売
・直接購入できる運用会社が少ない

※実際に口座を設ける際の注意点はPART2を参照

04

運用状況を知る

商品規模がわかる「純《じゅん》資《し》産《さん》総《そう》額《がく》」

「純資産総額」は商品選びのバロメーター

「純資産総額」は、投資信託を選ぶ際の判断基準の一つです。

投資信託は、運用会社の決めた方針に則って、株式や債券などが運用されています。その実績や途中で分配された金額によって、信託財産は増えたり減ったりします。

この毎日の信託財産の残高が「純資産総額」となります。

純資産総額はいわば、その投資信託の「人気」や「運用状況」を表すものであり、投資信託の「規模」を示しています。

この「規模」は、投資信託を選ぶ際の重要なポイントになります（１０８ページ参照）。

「基《き》準《じゅん》価《か》額《がく》」をもとに売買される

投資信託は日々運用されているので、その価値も毎日変わっていきます。

その価値を価格として表したものが「基準価額」です。投資信託の値段ととらえるとよいでしょう。

投資信託は、最初はすべて１００００円の基準価額に設定されますが、その後の運用実績や分配などで、前述のとおり純資産総額が増減していきます。

その時どきの純資産総額を、1万口あたりの時価評価にしたものが通常の「基準価額」なのです。なお「口数《くちすう》」とは、投資信託を売買するときに使う単位のことです（50ページ参照）。

用語解説 信託財産

投資信託では、受益者（投資家）から集めた資金をもとに設定された投資信託の資産全体のこと。委託者（運用会社）から託される形で、受託者（信託銀行等）によって安全に管理・保管されるしくみとなっている。

純資産総額＝運用実績?!

ファンドA

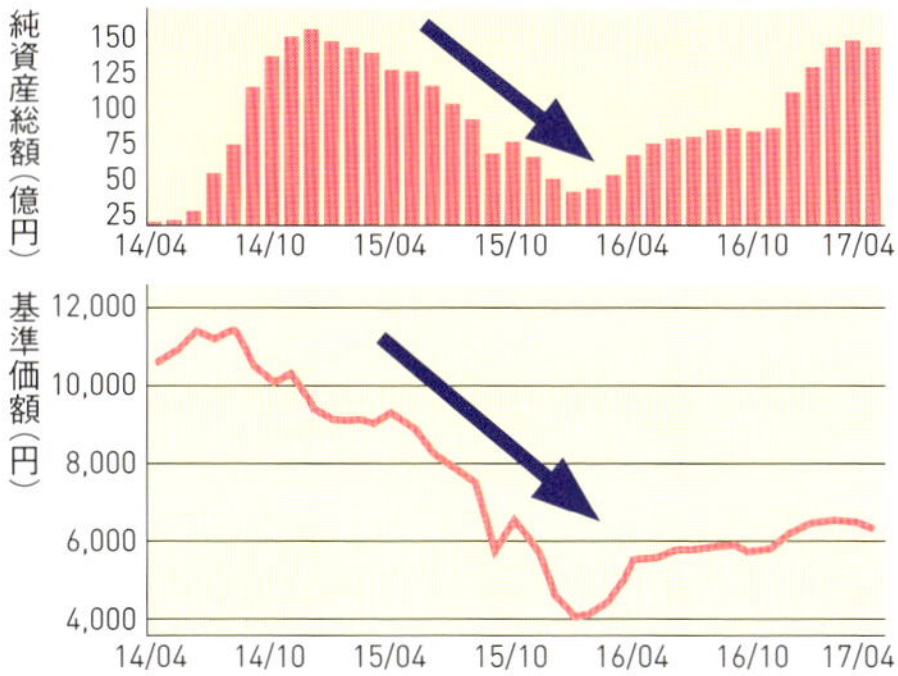

ファンドB

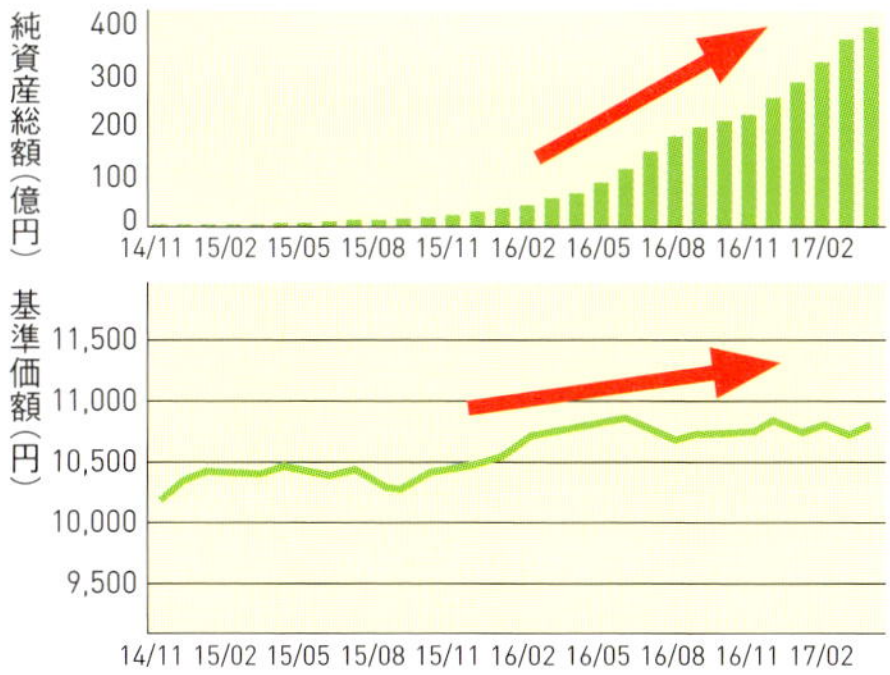

公表している基準価額は、
純資産総額を1万口あたりの時価で
評価したものだよ！

最初は、すべて10,000円から
スタートするんだ！

$$\frac{\text{純資産総額}}{\text{総口数}} = \text{基準価額}$$

（1口あたり）

05

買い方は2とおり

一括でも積み立てでも買える

チャンスを逃さず集中投資

買い方の一つに、価格（基準価額）や資産内容（純資産総額）などを見て、まとまったお金を一度に投資する方法（集中投資、スポット購入）があります。

　投資してからも予想どおりの順調な実績で推移すれば、高い収益を確保できます。

　反面、予想に反して低調だと、期待していた収益が確保できません。まとまった資産を低調なまま運用するだけ、ということになります。

毎月、積み立てて買うこともできる

もう一つの買い方に、毎月コツコツと一定の少額で買い続ける方法（積み立て投資）があります。

　たとえば、当初の思惑に反して基準価額が下落したとします。ただ、**下落した時点では多くの口数を買えるので、上昇時に備えられます**（投資額が同じなら、基準価額が低いほど買える口数は増える）。さらに少額なので、資金全体へ与える影響も少ないのです。

　一方で、**1回の投資額が少ないため、基準価額が上昇している場合、買える口数も少なくなります**。さらに、それまでに投資したお金も少ないので、十分な収益を望めません。

　いずれにしろ、投資する金額やファンドの状況にあわせた買い方を選んでいくことが大切です。

用語解説　**ブラインド方式**

投資信託では、売買当日の基準価額はわからない。これをブラインド方式という。投資信託では、価格が確定したあとに取引できると、既存の投資家の利益が損なわれかねないのでこの方式を採っている。

価格が上がるのなら集中投資が有利だが

集中投資例（300万円でA投信を一括購入）

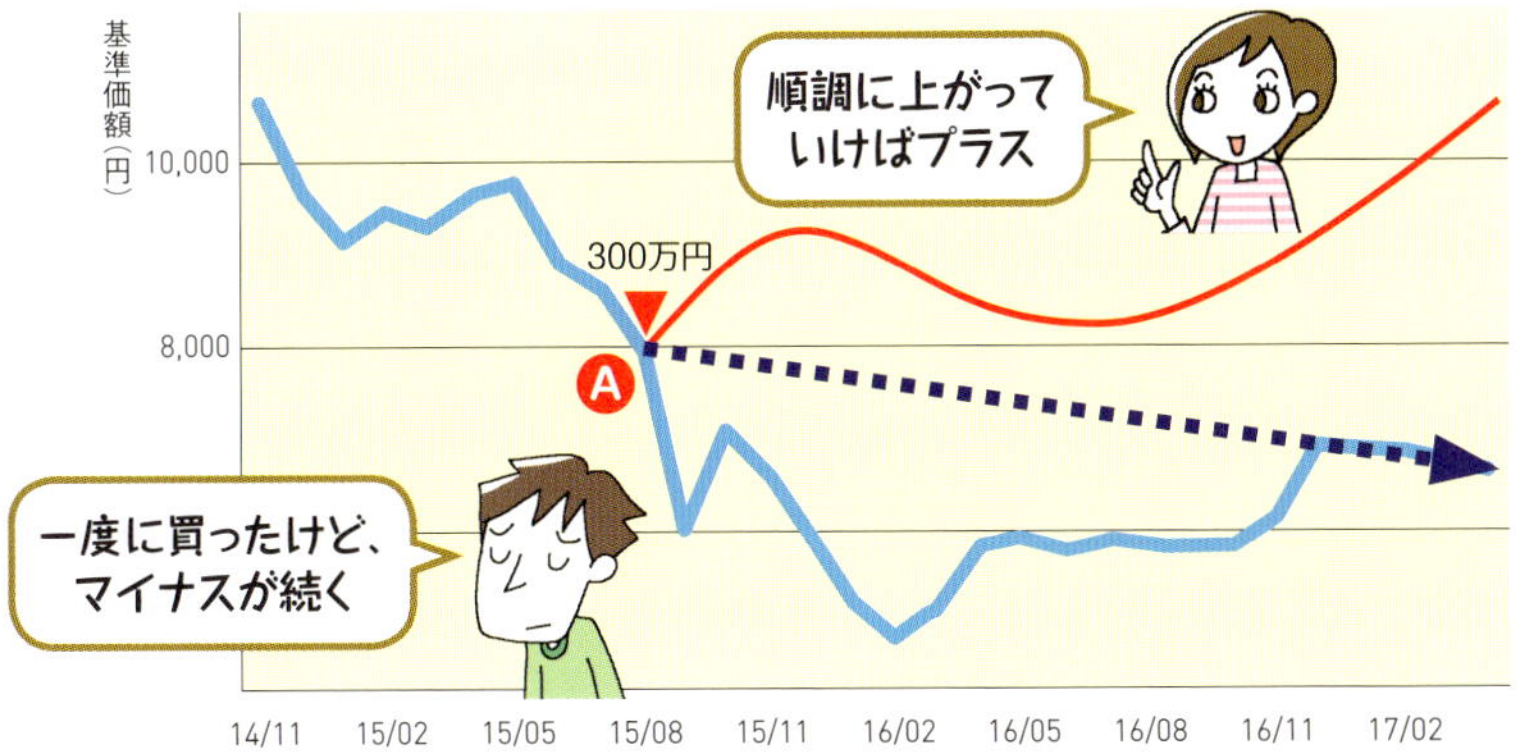

メリット

・基準価額が購入後も上昇した場合、解約（売却）で多くの利益が期待できる

デメリット

・基準価額が購入後に下落した場合の損失が大きい

積み立て投資例（300万円でA投信を毎月50万円ずつ6回で購入）

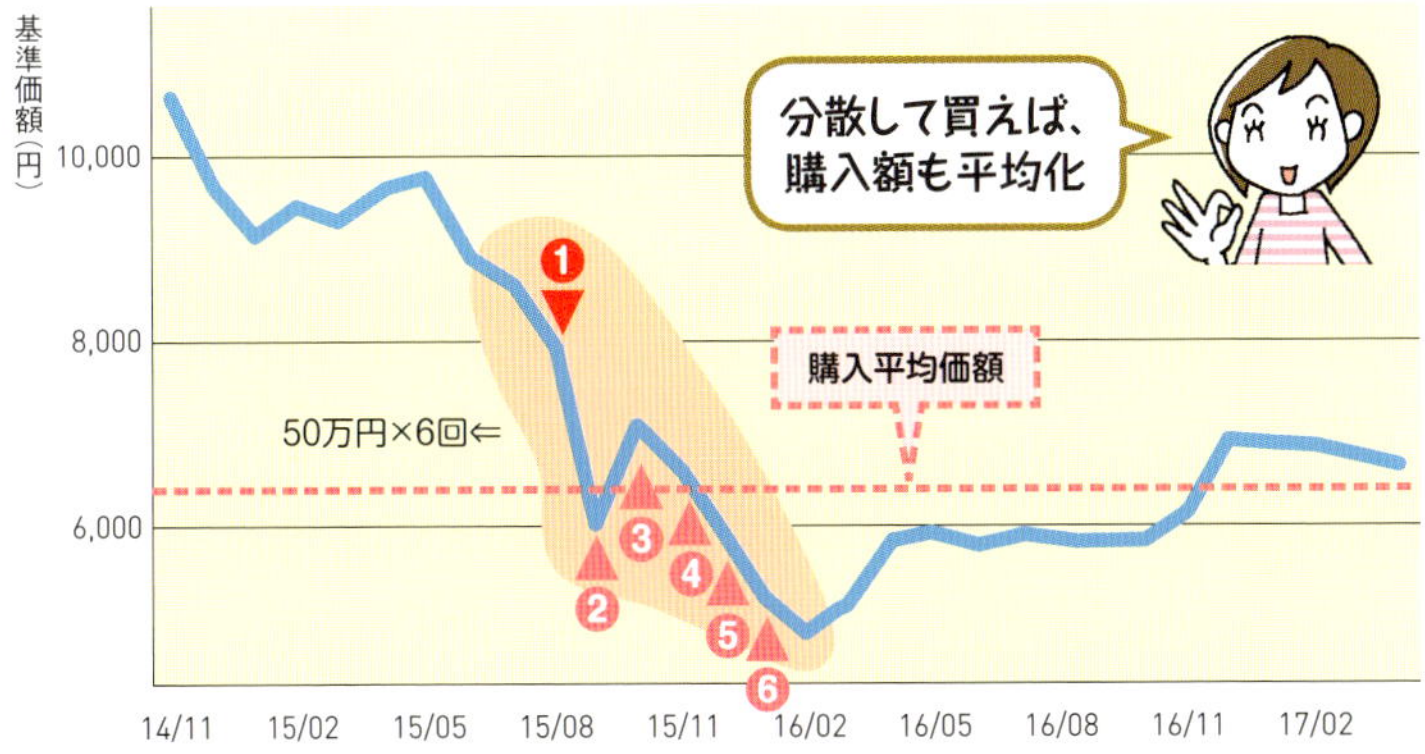

メリット

・基準価額が高いときは少ない口数、安いときは多い口数を購入し、購入価額を平均化できる

デメリット

・基準価額が購入後も上昇している場合、購入できる口数が少なくなる

06

儲け方を知る

「譲渡益」と「分配金」がある

売買して稼ぐ「積極投資」

投資信託の積極投資とは、これから基準価額が上がりそうな投資信託を買い、上がったところで解約して（売って）「譲渡益」を得る方法です。

ただし投資信託の場合、短期間で大きな収益を狙うというような目的にはあまり適していません。

有望なファンドに投資し、のちに基準価額が上昇したところで売って利益を出す、といったところでしょう。

定期的に「分配金」を得る

投資信託には「分配金」というものが支払われます。支払われる時期や回数は商品によって異なります（分配金がないものもある）。

これはおもに、運用実績に基づいて得られた利益（運用成果）を、投資した口数に応じて投資家に配分するものです。

ただし、分配金は純資産総額から支払われるため、支払い後の純資産総額は減ってしまいます。よって通常、分配後は基準価額も下がってしまいます（くわしくは30ページ参照）。

定期的に分配金を受け取りながら投資を続けることになりますが、**運用実績のよい投資信託であれば、分配後も基準価額は上がるので、高収益を狙えます。**

また、受け取った分配金を再投資することもできます（136ページ参照）。

用語解説　分配回数

投資信託で分配金を支払う回数や金額は、あらかじめ運用会社で分配方針として決められている。分配方針では、分配金額・回数を投資信託ごとに定めている。分配回数は、無分配のものから毎月分配するものまである。

譲渡益と分配金で利益を得る

●譲渡益

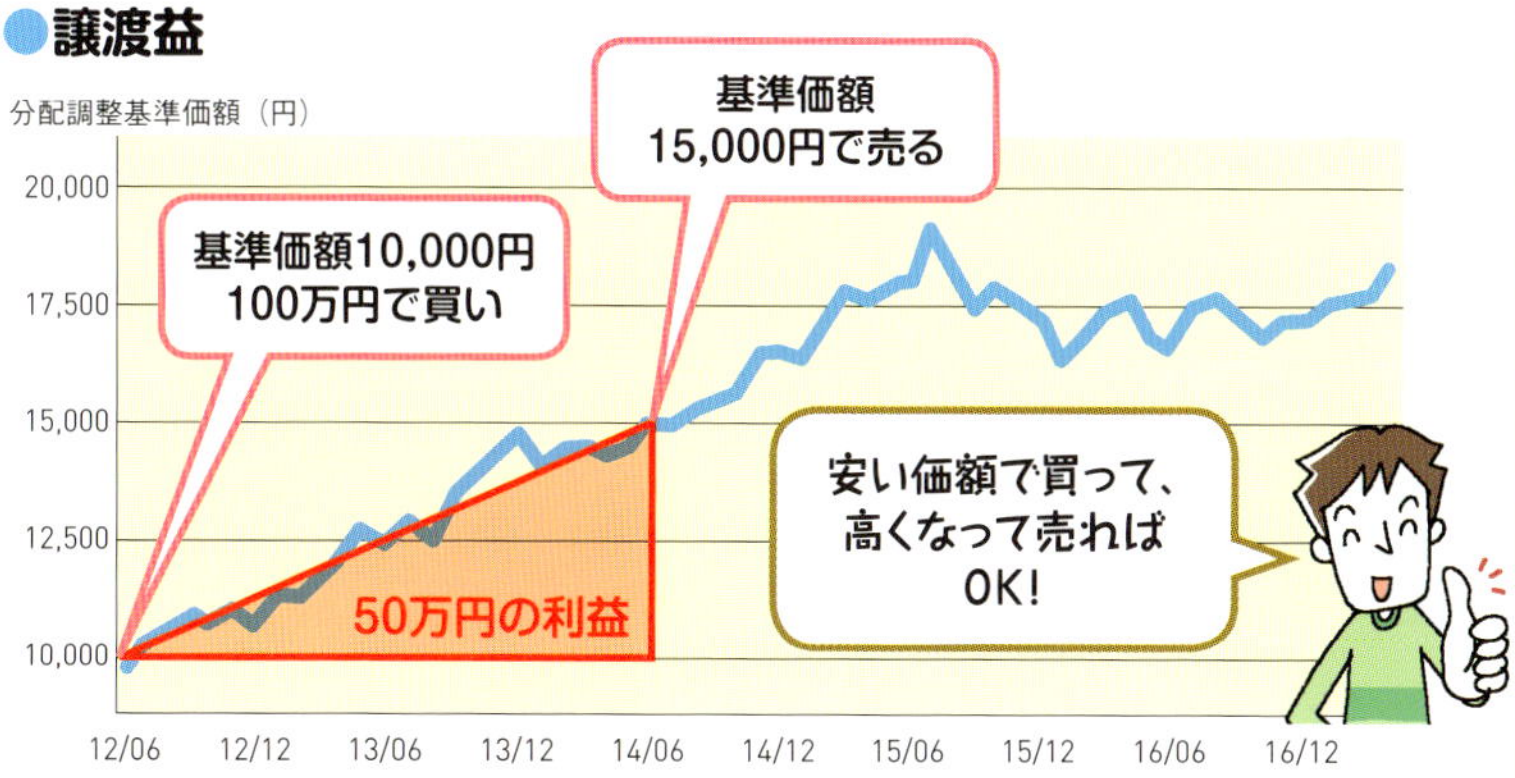

安いところで買い、高くなったところで売れば利益になる

※購入時・運用時・解約時にかかる手数料・税金等諸費用は含まず概算値

●分配金

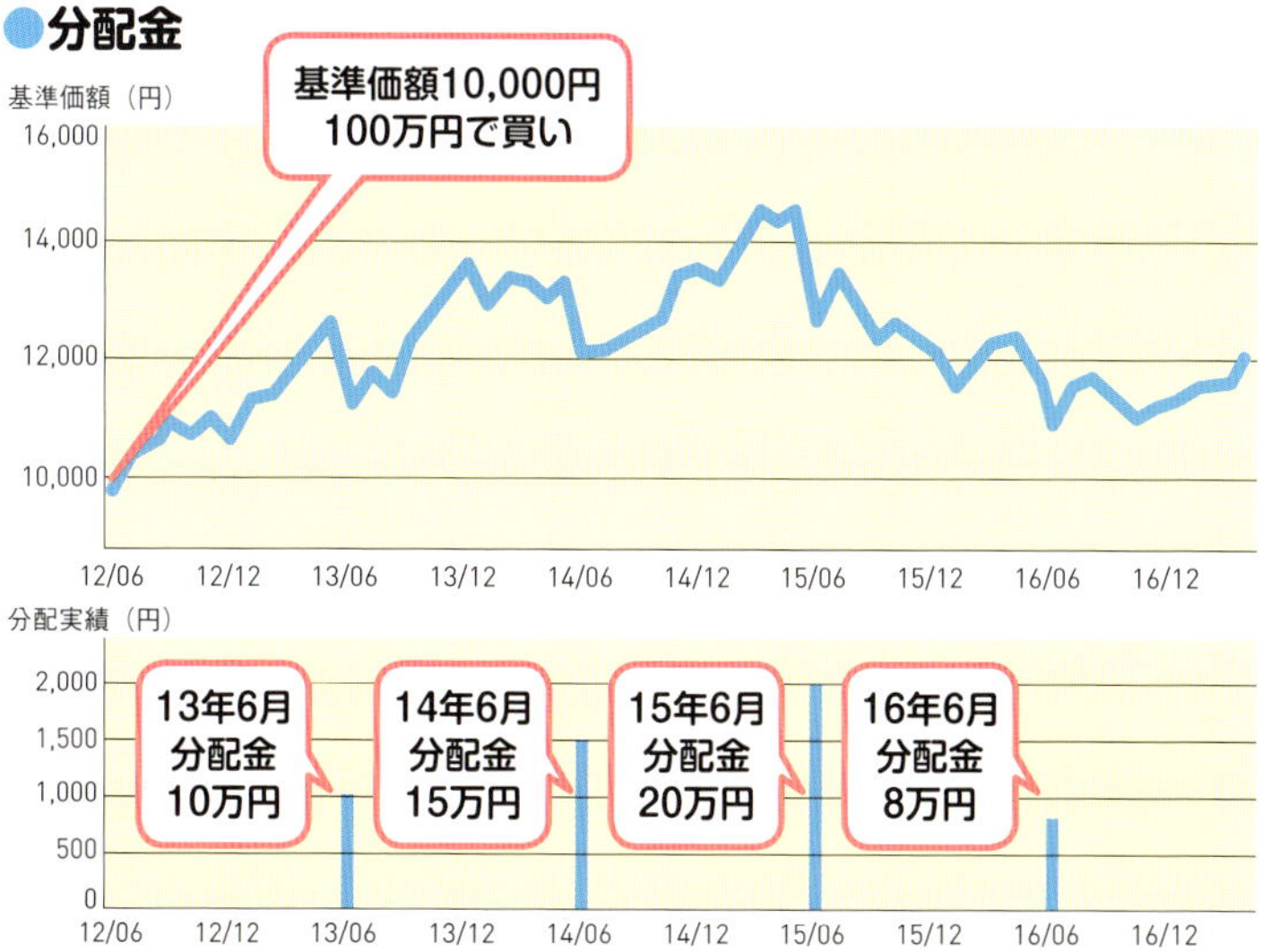

定期的に分配金を受け取って収益を得る

※上記分配金は税引き前

・分配回数はファンドによって異なる

・分配金を再投資することも可能

07

分配金にはウラがある

トクしない「分配金」もある

利益が分配されるとは限らない

「分配金は運用に応じて出る利益」と思われがちです。

ただ厳密には、運用会社が任意で設けた日に決算をして、そのときの純資産総額から「分配可能原資」の範囲内で支払うしくみになっています。

運用益が上がって純資産総額が増えている場合なら、収益を分配するというイメージでよいでしょう。

一方で**運用益が上がっていない場合は、資産の一部を切り崩して支払うことになります。**

つまり、投資家自らの資産を崩して支払うということです。

「普通分配金」と「特別分配金」

分配金には「普通分配金」と「特別分配金」があります。それぞれ個別元本（投資家の投資信託の平均取得価額）によって変わります。

「普通分配」は簡単にいえば利益なので、分配後も基準価額は購入時の個別元本を下回りません。

一方で「特別分配」は元本の取り崩しとなり、分配後の基準価額は購入時の個別元本を下回ります。

これは元金払戻金ともいわれます。つまり、基準価額が買ったときの価格よりも下回っている場合、分配金は元本の一部を払い戻すことになります。

用語解説 平均取得価額

手数料（消費税込）を加えた取得金額を保有口数で割った金額。

$$平均取得価額＝\frac{取得価額（購入価額＋手数料＋消費税）}{保有口数}$$

分配金は利益ばかりじゃない

ケースA（普通分配のとき――値上がりしているケース）

購入時	決算時分配前	決算時100円分配
	収益金 100円	分配金 100円
購入時 個別元本 10,000円	購入時 個別元本 10,000円	購入時 個別元本 10,000円
基準価額（10,000円）	基準価額（10,100円）	基準価額（10,000円）

➡ 基準価額の値上がり分が分配金となる

※購入時の個別元本に影響なし
※分配金に対して税金がかかる

ファンドの
運用収益から
受け取れる

ケースB（特別分配のとき――値上がりしていないケース）

購入時	決算時分配前	決算時100円分配
		分配金 100円
購入時 個別元本 10,000円	購入時 個別元本 10,000円	分配後 個別元本 9,900円
基準価額（10,000円）	基準価額（10,000円）	基準価額（9,900円）

➡ 元本を取り崩して分配金を支払う

※購入時の個別元本が減る
※分配金は取り崩し金なので非課税

元本から
支払われたんじゃ、
利益じゃない

08

運用期間について

3年〜10年の運用が基本

投資法によって運用期間は変わる

投資では必ず、目標とする運用期間を立てます。

たとえば「株式」のデイトレードの場合、買ったその日に売却する目的で運用します。また「10年国債」であれば、10年間、決まった利金を受け取る目的で保有する、といった具合です。

ただあまりに短期間での運用法は、売買のタイミングを判断するのが難しく、一般的とはいえません。また国債などは長期にわたって利金を確保できますが、現在の低金利下ではたいした収益が望めません。

となると投資信託は今の時代、資産を殖やすのに適切かもしれません。ではどのくらいの運用期間を目安にすればいいでしょうか。

中・長期の運用を考えよう

初心者が取り組む投資信託の運用期間は、中期（3年〜5年）から長期（5年〜10年）を念頭に考えましょう。

株式投資のように、基準価額をもとに短期間で売買していく方法もありますが、初心者の場合は中・長期のメリットを活かした考え方をおすすめします。

中・長期の運用では、運用期間中の分配金を再度投資して運用（再投資）し、複利効果を狙うだけでなく、長く運用期間を設けることでリスクを分散する効果も生まれます。

用語解説　**高金利通貨型**

政策金利（金利水準）が高い国の通貨。先進国でも日本より金利水準が高い国は高金利通貨といえるが、為替の影響が大きい。また、新興国は金利水準が高いが、為替変動リスク・信用リスク（63ページ参照）もあるので要注意。

いろんな投資のリスクと運用期間の関係

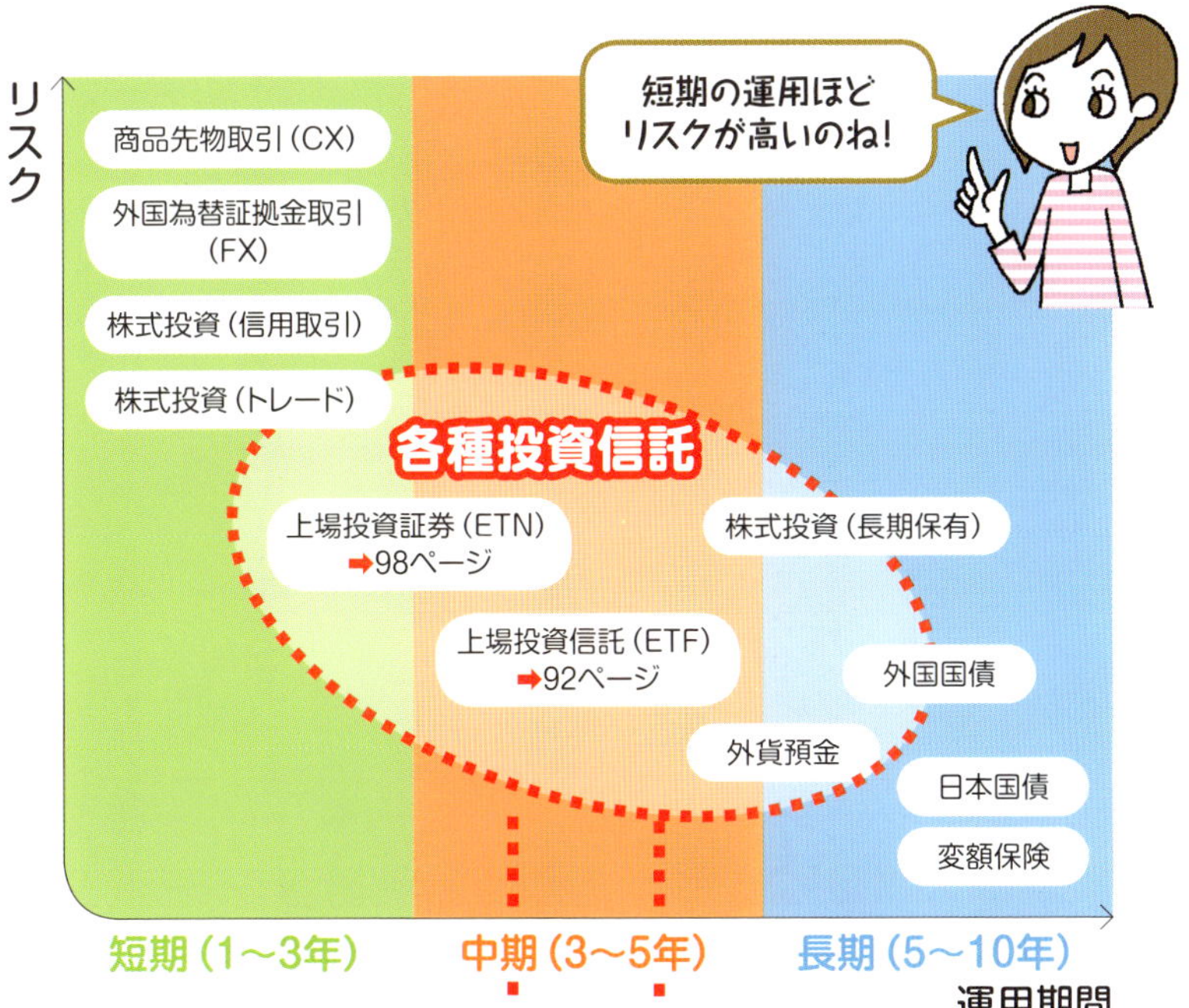

投資信託の部分を拡大すると

●投資信託にも期間とリスクの分布がある

短期(1〜3年)	中期(3〜5年)	長期(5〜10年)
※リスク高め		※リスク低め
アクティブ型 テーマ株ファンド	国内外REIT型 (不動産)ファンド	インデックス型 ファンド
高金利通貨型 ファンド	バランス型 ファンド	債券インカム型 ファンド

※各ファンドの内容は
PART3 を参照

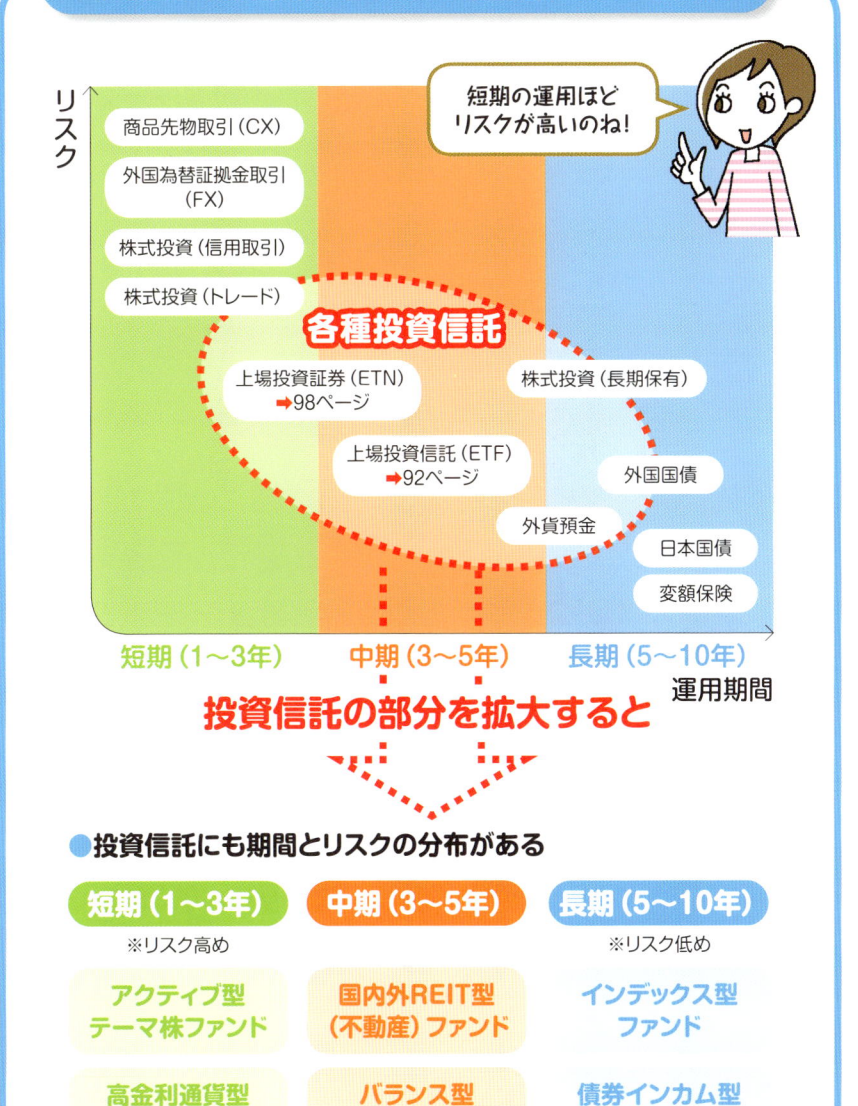

09

実績がわかる

「トータルリターン」「騰落率《とうらくりつ》」に注目

「トータルリターン」は利益率を表す

投資信託を購入するときにも購入したあとにも重要なのが「トータルリターン」です。これは**投資信託の一定期間内での利益率です**。基準価額の増減に分配金を足したものを購入価格で割ったもので、%で表します。

たとえば1月に基準価額10000円で買った投資信託が6月に10500円になっていて、その間に分配金を200円受け取った場合、6か月間のトータルリターンは7%です［（500＋200）÷10000＝0・07］。

投資信託の情報欄にあるトータルリターンは通常、対象期間内の値上がり額（値下がり額）に、分配金（税引前）をすべて再投資したと仮定して計算されています。ただし、分配金を再投資しないという条件での表示もあるので、確認してください。

「騰落率」は基準価額の変動率を表す

トータルリターンとともに、ファンドの情報に表示されているのが「騰落率」です。**騰落率によって、過去一定期間内の、基準価額の変動率を見ることができます**。

騰落率は、投資信託の基準価額が一定期間内にどれだけ動いたかを%で示します。

たとえば、1月に基準価額10000円で買った投資信託が、6月に10500円になっていたら、6か月間の騰落率は、プラス5%となります（計算式は用語解説参照）。

用語解説　**騰落率の計算式**

騰落率は以下の計算式で求められる（購入時から直近期間までと仮定）。

$$\text{購入後騰落率} = \frac{\text{直近基準価額} - \text{購入時基準価額}}{\text{購入時基準価額}} \times 100$$

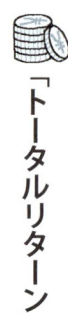

・利益率・基準価額の変動率もチェックしよう・

●トータルリターン ＝ 総収益率

$$\text{トータルリターン(\%)} = \frac{\text{基準価額の増減＋分配金など}}{\text{購入時の基準価額}}$$

上記ファンドの1年間のトータルリターンは？

｛(9,729円－8,335円)＋(15円×4回)｝÷8,335円 ＝ 0.174……(17.4%)

基準価額増減　分配金　購入時基準価額

●騰落率 ＝ 基準価額の変動率

上記ファンドの1年間の騰落率は？

(9,729円－8,335円)÷8,335円 ＝ 0.167……(16.7%)

基準価額増減　購入時基準価額

10

必ず見ておこう

「目《も》論《くろ》見《み》書《しょ》」は投資信託の説明書

投資信託の中身がわかる「目論見書」

投資信託を始めるのに、いちばん重要な書類として「目論見書」があります。

目論見書は、投資信託説明書とも呼ばれています。投資判断に必要な事柄を述べたもので、交付目論見書として、**どのファンドにもついています**。とはいえ、そのすべてを理解するのは大変です。まずは要点を押さえておいてください（詳細はPART3参照）。

これを見ずに買ってはいけない

ここでは目論見書に記載されている内容を、ざっと紹介します。

①投資信託の目的・特色

何を目的として、何に投資している投資信託なのか。

②投資のリスク

その投資信託が抱えるリスクについて。

③運用実績

基準価額や純資産総額、分配金の推移といった、過去の運用実績について（新設のファンドにはありません）。

④手続き・手数料等

購入時の手数料や信託報酬（運用管理費用）といったコストについて。投資信託の最低購入単位（口数）について（50ページ参照）。

これらの事柄を記載する順番は統一されているので、目論見書からそれぞれのファンドの内容を比べることもできます。

用語解説　**ディスクロージャー**

「情報開示」のことをディスクロージャーという。金融商品では、投資家が適正な投資判断をするよう、適時・適切に情報を開示することが法律によって定められている。

購入前・運用中に見ておく書類

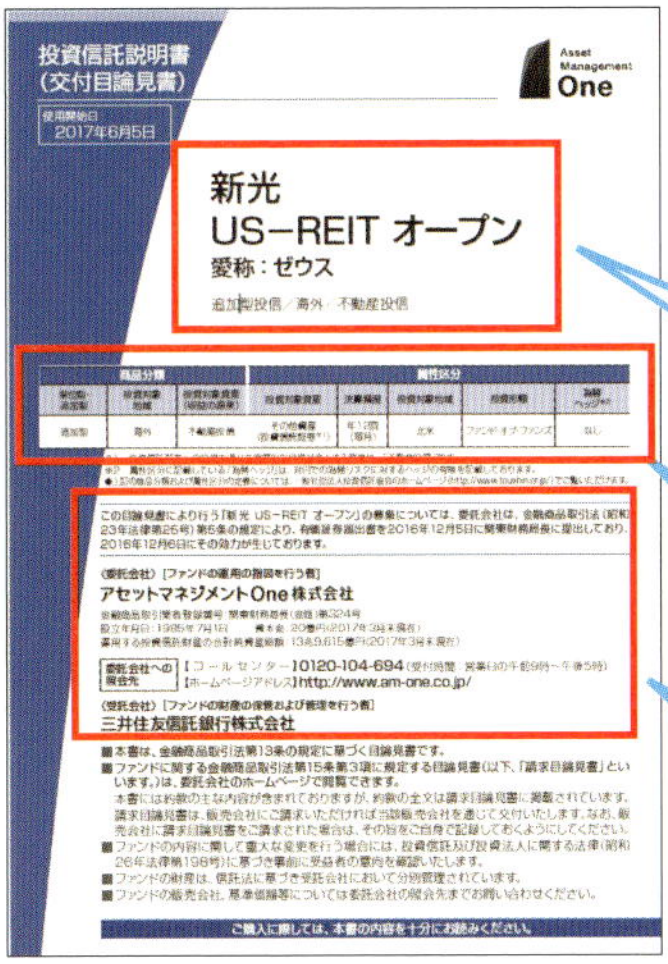

●目論見書・・・ファンドに必ず添付されている

ファンドを購入する前に必ずチェック

投資信託の名称や愛称名、運用地域・運用先種類など

投資信託の分類、投資対象・投資形態・運用手法など

運用会社名（連絡先など）管理会社名

※こうむるリスクや過去の実績など、選ぶときに知っておきたいことが載っている

出てくる言葉や内容はPART3〜4を参照

●交付運用報告書（運用レポート）・・・年に1回、送付

運用中にチェック。ただし量が膨大なのでわかる範囲でよい

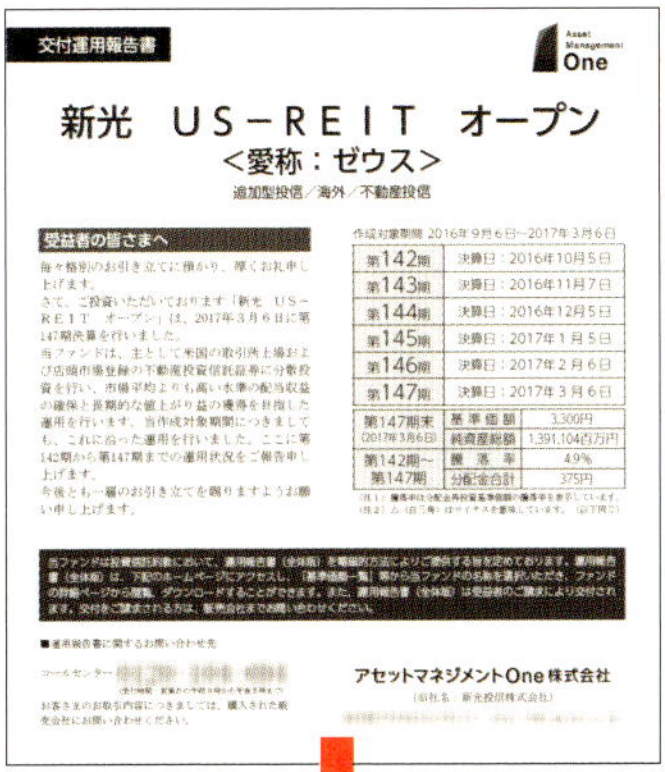

会社でいう決算報告書のようなもの。ファンドの1年間の運用状況などが載っている

※毎月分配型は半年に1回送付

●月次報告書（マンスリーレポート）・・・月に1回、送付

運用中にチェック。少なくとも3か月に一度は見ておこう

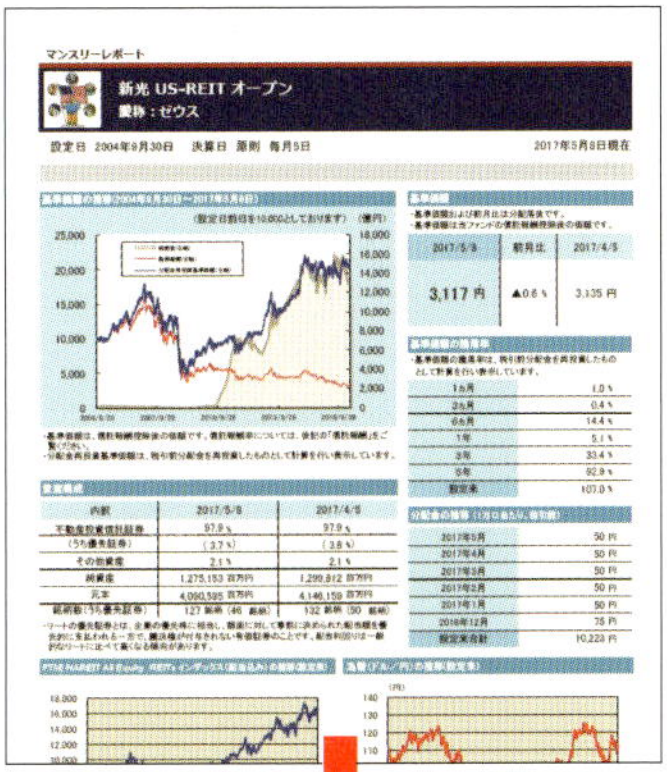

ファンドの月間の運用状況を説明。1か月間の運用状況や純資産総額などが載っている

株式と債券、何が違うの？

株式と債券では投資目的が違う

投資信託には株式型、債券型といった分類（PART3参照）がありますが、そもそも「株式」と「債券」は何が違うのでしょう？

大まかにいえば、「『株式』に支払うお金は出資金」、「『債券』に支払うお金は貸付金」となります。

「株式」は基本的に将来性が見込める企業の株に出資して、その株価が値上がりしたら売って売却益を狙います（キャピタルゲイン）。

一方**「債券」は、発行体から発行される債券を買って、決められた利金を償還（満期）まで受け取ること（インカムゲイン）が基本です。**元金は満期になれば返還されます。

どっちがいいかは企業の業績次第?!

たとえば、ある上場企業A社の「株式」と「債券（社債）」を購入した場合を考えてみましょう。

「株式」は、A社の業績が上がって株価が上昇したところで売却すれば利益を得られます。ところが「債券」の場合、A社の業績がいかによくても、決まった利金しか受け取れません。

これだけを見ると、株式のほうが有利に思えます。しかし、A社の業績が振るわずに株価が下がった場合、株式の利益は出ません。損します。逆に「債券」はA社の業績に関係なく、決まった利金を受け取れます。

このように株式と債券では、投資目的も受け取る資金の性格も異なるのです。

用語解説 **株式の配当金**

企業が企業活動で得た収益の一部を株主に還元するお金のこと。配当金の回数や金額などは、企業ごとに決まっている。また、すべての株式に配当金が出るとは限らない。

「株式」は出資・「債券」は貸し付け

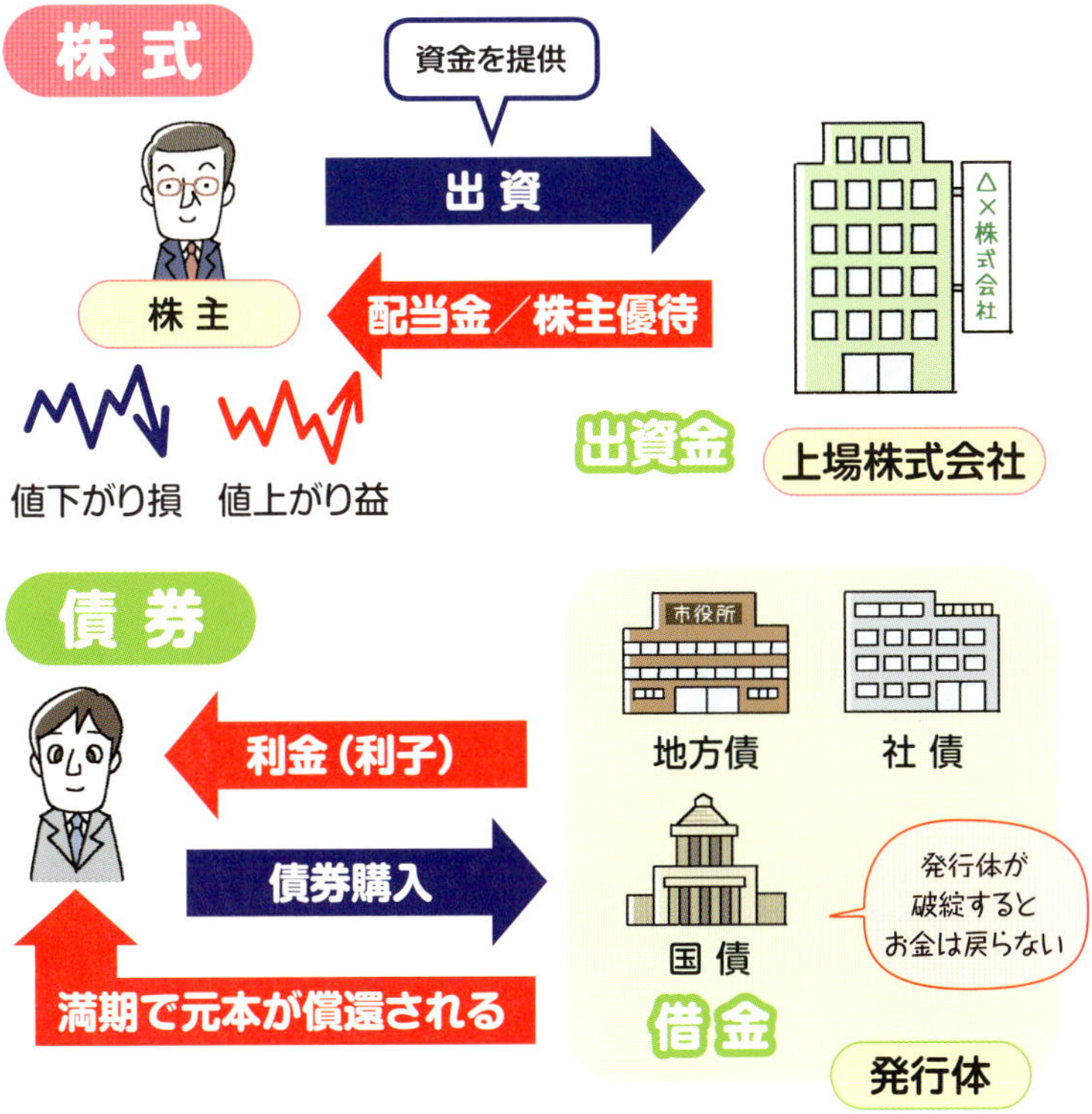

景気と株価・債券価格の関係 —— 一般的にはこう動く

※例外もあるので注意

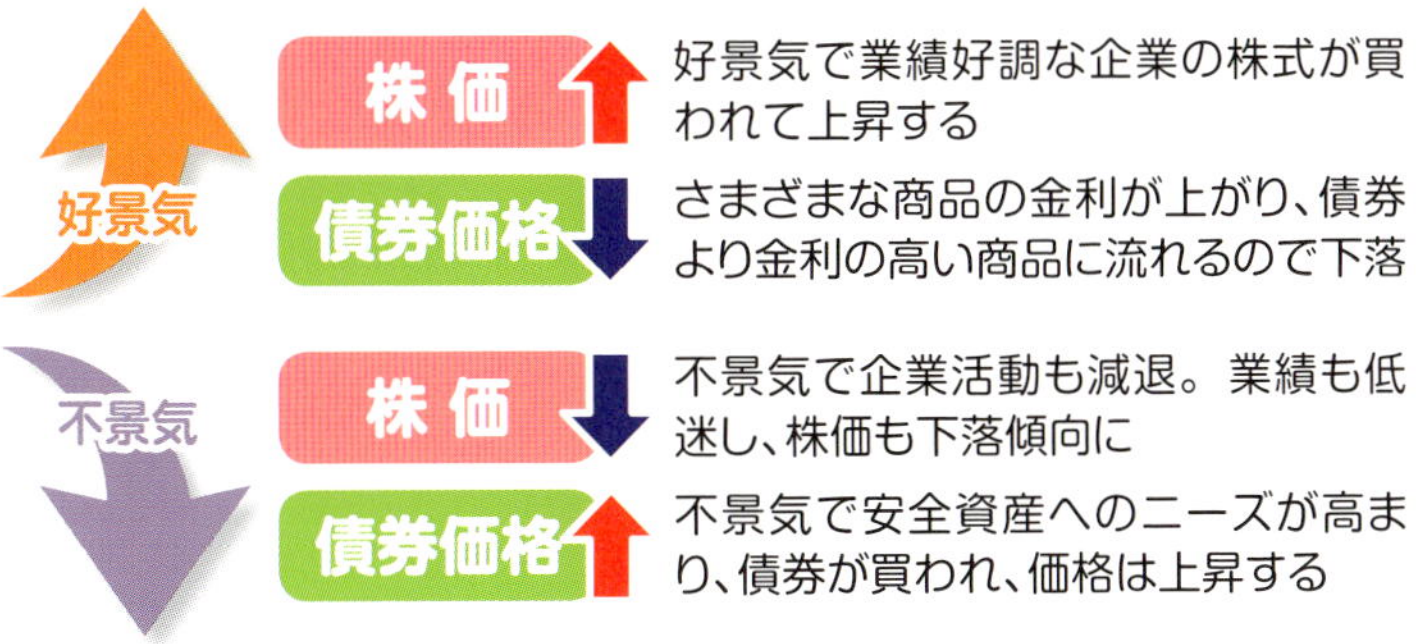

好景気	株価 ↑	好景気で業績好調な企業の株式が買われて上昇する
	債券価格 ↓	さまざまな商品の金利が上がり、債券より金利の高い商品に流れるので下落
不景気	株価 ↓	不景気で企業活動も減退。業績も低迷し、株価も下落傾向に
	債券価格 ↑	不景気で安全資産へのニーズが高まり、債券が買われ、価格は上昇する

Column

貯蓄から投資へ——これから資産を殖やすにはこれしかない！

日本人は貯蓄に偏りすぎ?!

２０１６年12月発表の日本銀行調査統計局の資料では、日本の個人金融資産は約１７５２兆円です。**現金・預貯金はそのうちの52・3％**、債券1・5％、投資信託5・0％、株式等8・6％、保険・年金等29・8％と、現金・預貯金が非常に高い割合を占めています。

一方アメリカは、個人金融資産73・1兆ドルに対して、**現金・預貯金13・9％**、債券5・1％、投資信託10・7％、株式等35・4％、保険・年金等32・1％。

これを見ると、いかに日本の個人金融資産が預貯金に偏っているかがわかります。

預貯金だけでは資産は殖えない！

日本の１９９０年の、銀行の定期預金金利は6％という高金利でした。

これだけの金利があれば、お金は預けるだけでも殖えていくので、わざわざリスクを冒してまで投資する必要はなかったかもしれません。しかし現在は、金利が１％にも満たない状況となっています。

こうなってくると、預貯金だけで資産を殖やすことなどできません。また、国が管理する年金などの資産も、以前のように簡単に殖やせない状況になっています。

PART 2

これでできる!

投資信託の買い方

11 まずは口座を作る

口座の開設——その1

投資は口座選びから始まっている

投資信託を始めるにはまず、口座を設けなければなりません。

口座開設の方法は、銀行・証券会社の窓口、インターネット、金融商品仲介業者経由など、いろいろなものがあります。

ただ、開設する口座を決めるのにチェックしなければならないことはおもに次の2つです。

①取り扱っている投資信託の本数が多い

現在、約6000本の投資信託があります。そのすべてを扱っているところはありませんが、楽天証券やSBI証券のように、扱う本数が多いほうが、選択肢が多いぶん、有利と考えておけばいいでしょう。

②キャンペーンや特典もチェック

各金融機関は口座開設や投資信託の購入に際して、**さまざまな特典やキャンペーンを実施しています**。となると、自分に合った特典やキャンペーンを確認して選ぶことも大切でしょう。

たとえばネット系銀行であれば、その銀行の普通預金口座の金利が優遇されたり、口座を開設するだけで1000円分のポイントがもらえたりします。

このように、口座選びも今後の投資を有利に進める第一歩になります。

用語解説 金融商品仲介業者

IFA（Independent Financial Advisor）。独立系ファイナンシャルアドバイザーとも呼ばれ、独立・中立的な立場から、資産運用のアドバイスなどを行う専門家。

・インターネットを使った口座開設の流れ・

1 **口座を開設する証券会社を選ぶ**
※証券口座を開設しないと取引できない

2 **選んだ会社のホームページから口座開設を申し込む**
※必要事項等をホームページの案内にしたがって入力する

3 **選んだ会社から関係書類が郵送されてくる**

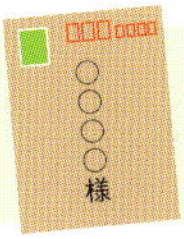

4 **書類に必要事項を記入して返送する**
※本人確認書類および、マイナンバーが必要

5 **口座開設完了の通知書が届く**
※スターターキットなども送られてくる

6 **マニュアルなどにしたがって、インターネットで設定してスタート**
※取引資金を指定の口座に振り込む

簡単だし
手間もかからない！

●投資信託買付までのおもな流れ（概略）

❶マイページにログイン → ❷投信取引画面へ移動 → ❸投信買付を選択する → ❹商品を選んで目論見書を確認 → ❺注文内容を入力する → ❻内容を確認して発注

（❺について）購入金額（口数）や分配金の受け取り方法など

12

口座の開設――その2

「特定口座」を選ぼう

口座は2種類ある

証券口座には大きく分けて2種類あります。「一般口座」と「特定口座」です。ただ、ほとんどの人は特定口座を選んでいます。

「一般口座」は、年間取引報告書という書類を自ら作成し、さらに確定申告もしなければならないなど、やることも多いので、投資が初めての方には不向きでしょう。

一方で「特定口座」は、金融機関が年間取引報告書を作成します。さらに後述する「源泉徴収あり」を選べば、納税処理も行ってくれるので、確定申告をする必要がありません。

「特定口座」は、一つの証券会社（金融機関）に一つ開設できます。さらに「源泉徴収あり」か「源泉徴収なし」を選びます。

「源泉徴収あり」がよいとも限らない

「源泉徴収あり」は、納税処理まで証券会社が行ってくれるので、取引後の手間がかからないというメリットがありますが、注意点もあります。

もともと、所得が1か所からの給与所得のみで給与収入が２０００万円以下、給与所得以外の収入も年間20万円以下であれば、税金もかからず確定申告も不要です。

たとえば、年間収益が15万円で右の条件を満たす方は確定申告が不要ですが、「源泉徴収あり」を選ぶと3万４７２円が自動的に納税されてしまいます。

用語解説 源泉徴収

譲渡益や普通分配金などを支払う者（証券会社など）が、その支払いを行う際に、その支払いに関わる税金（所得税）を差し引く。差し引かれた税金は、支払者が定期的に国に納付を行う制度。

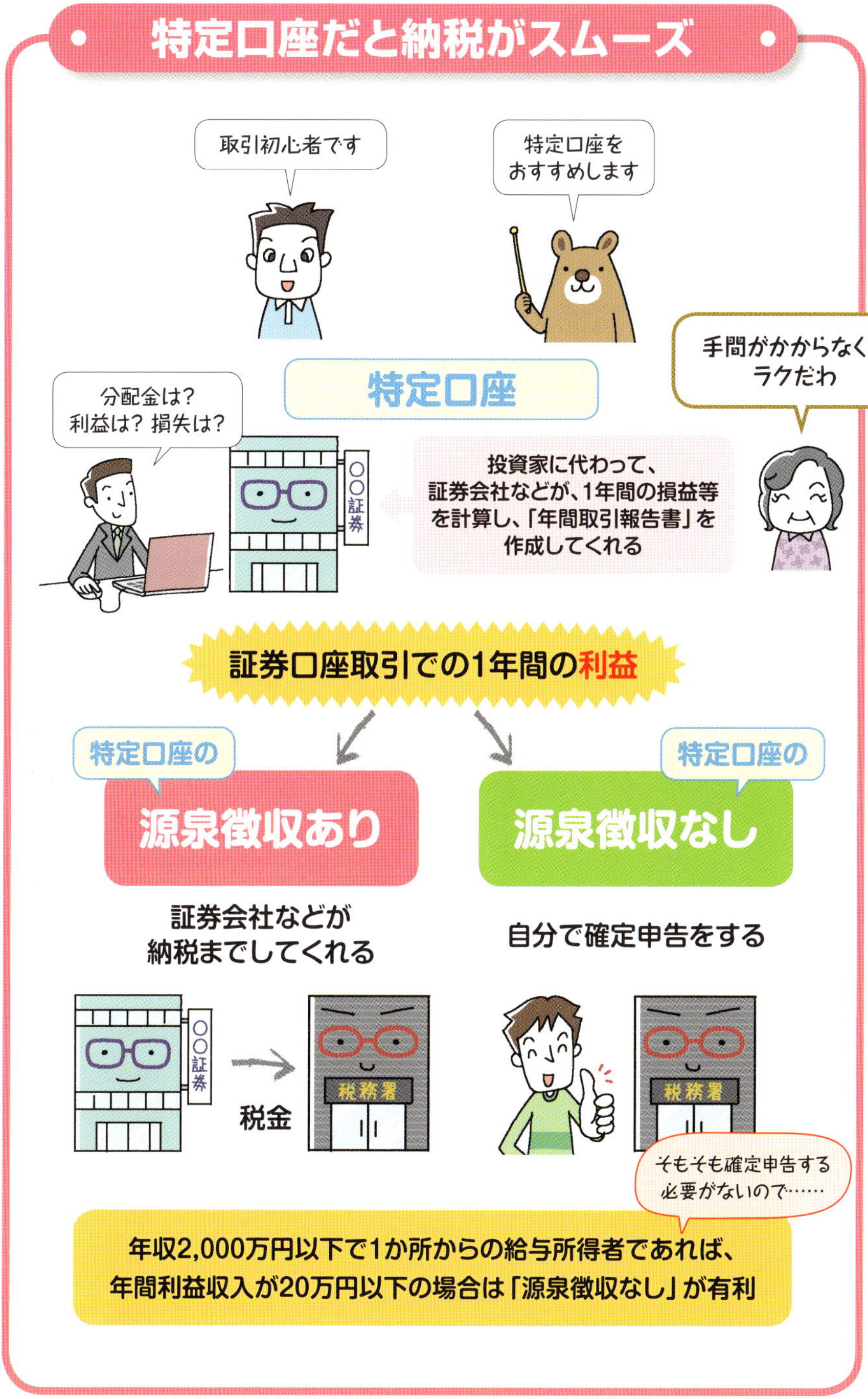
特定口座だと納税がスムーズ
取引初心者です
特定口座をおすすめします
手間がかからなくてラクだわ
特定口座
分配金は？利益は？損失は？
○○証券
投資家に代わって、証券会社などが、1年間の損益等を計算し、「年間取引報告書」を作成してくれる
証券口座取引での1年間の利益
特定口座の
源泉徴収あり
特定口座の
源泉徴収なし
証券会社などが納税までしてくれる
自分で確定申告をする
○○証券
税金
税務署
税務署
そもそも確定申告する必要がないので……
年収2,000万円以下で1か所からの給与所得者であれば、年間利益収入が20万円以下の場合は「源泉徴収なし」が有利

13

口座の開設――その3
N《ニ》I《ー》SA《サ》口座を活用しよう

利益に対して税金がかからない

NISA（少額投資非課税制度）は、2014年から始まった制度です。投資信託や株式の「分配金（配当金）」「値上がり益」といった収入が5年間、非課税になるものです。

NISAを活用するには、**別途「NISA口座」を開設しなければなりません**。この口座の開設は、現状では23年までとなっています。

NISA口座は14年までは、全金融機関で1人1口座しか開設できませんでしたが、15年からは1年につき1口座のみ開設できるようになりました。また、金融機関の変更も年単位で可能です。ただし、**金融機関を変更した場合、変更前の金融機関のNISA口座で買付けた商品は、変更後の金融機関のNISA口座に移管できません**。なので、金融機関をよく検討して口座を開設してください。

またNISA口座は、株式や投資信託での利益が非課税となる制度なので、投資信託の種類が豊富な証券会社を選ぶことも大切です。

未成年者向けもある

16年からは新たに未成年者向けの「**ジュニアNISA**」も始まっています。

20歳未満（0歳～19歳の未成年者）の人向けに設けられた非課税制度で、未成年者1人につき、**1金融機関1口座のみ開設できます**。NISA同様、非課税期間は5年あり、23年まで新規口座を設けられるようになっています。

用語解説 つみたてNISA

2018年1月より開始。毎年、投資金額40万円分までの「投資信託（非毎月分配型、信託期間が無期限または20年以上など）」にかかる値上がり益や分配金が非課税となる。積み立てられる期間は20年。

NISA口座の特徴を知っておこう

❶投資金額　1口座年間120万円まで

❷投資対象　上場株式および投資信託等

❸非課税対象　上場株式の配当金および売買益（通常は20.315%の課税）
投資信託の分配金および譲渡益（通常は20. 315%の課税）

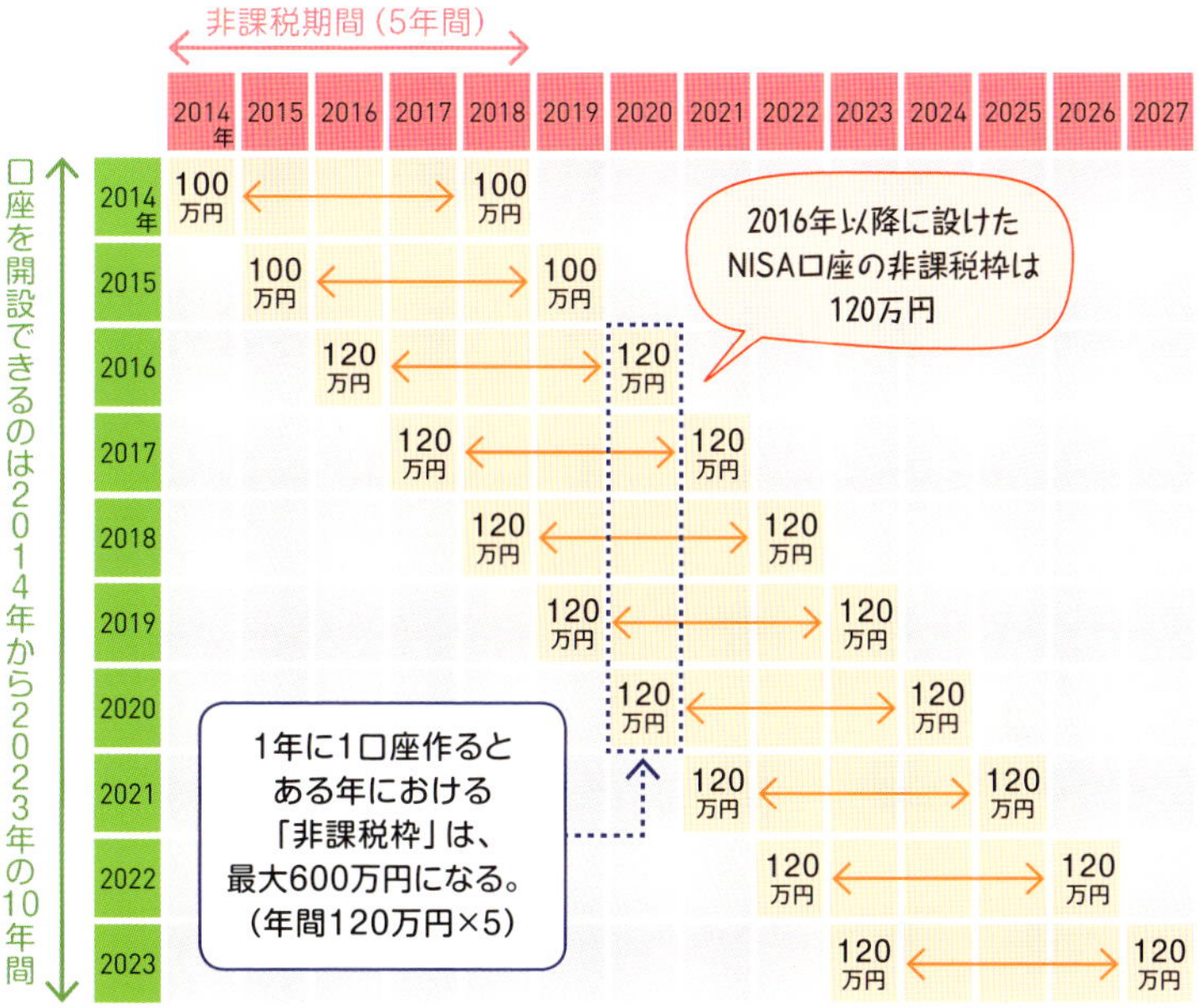

＊非課税期間5年間が終わると……

NISA口座の上場株式や投資信託等は、
特定口座や一般口座の課税口座に移ります。
その後の配当金および売買益等については課税されます。

引き続きNISA口座で翌年の非課税枠120万円を利用し、
そのまま 保有し続けることもできます。

14

口座の開設――その4

NISAで注意すべきこと

年間120万円の投資額まで非課税

NISAにおける最大メリットは、**年間120万円（ジュニアNISAでは80万円）までの投資金で得た利益**に対して、いっさい税金がかからないことです（利益はいくら出ても非課税です）。

たとえば4人家族（夫婦、子ども〈8歳と2歳〉）が投資信託の運用を考えた場合、毎年400万円の非課税枠を使えるということになります。

受け取り方法に注意

NISAは投資による利益に対して有効なので、そもそも利益が上がらなければ、効果を得ることができません。

年間で投資できる額も一律120万円までで、翌年に繰り越しもできません（当年60万円しか使わなかったので、翌年180万円使えるというわけではありません）。

さらにジュニアNISAの場合、原則**子どもが18歳になるまで払い出し（出金・出庫）が制限されるので注意が必要です**。

また、証券会社でNISAやジュニアNISAを始めるのなら、投資信託や株式などの分配金（配当金）の受け取り方法は、「株式数比例配分方式」を選ばなければなりません。

証券会社に複数の特定口座を持っているという人は、各口座の受け取り方式の確認が必須となります。

用語解説　**損失の繰り越し**

株式投資などの損失は、3年間繰り越して「控除」できる。当年の利益を前年・前前年の損失と相殺して、利益にかかる税金を減らせる。NISA口座ではこの損失の繰り越しができない。

気をつけよう！ NISA口座の注意点

❶他口座との損益通算はできない

❷非課税枠の再利用・繰り越しはできない

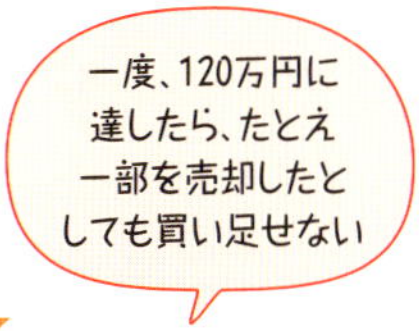

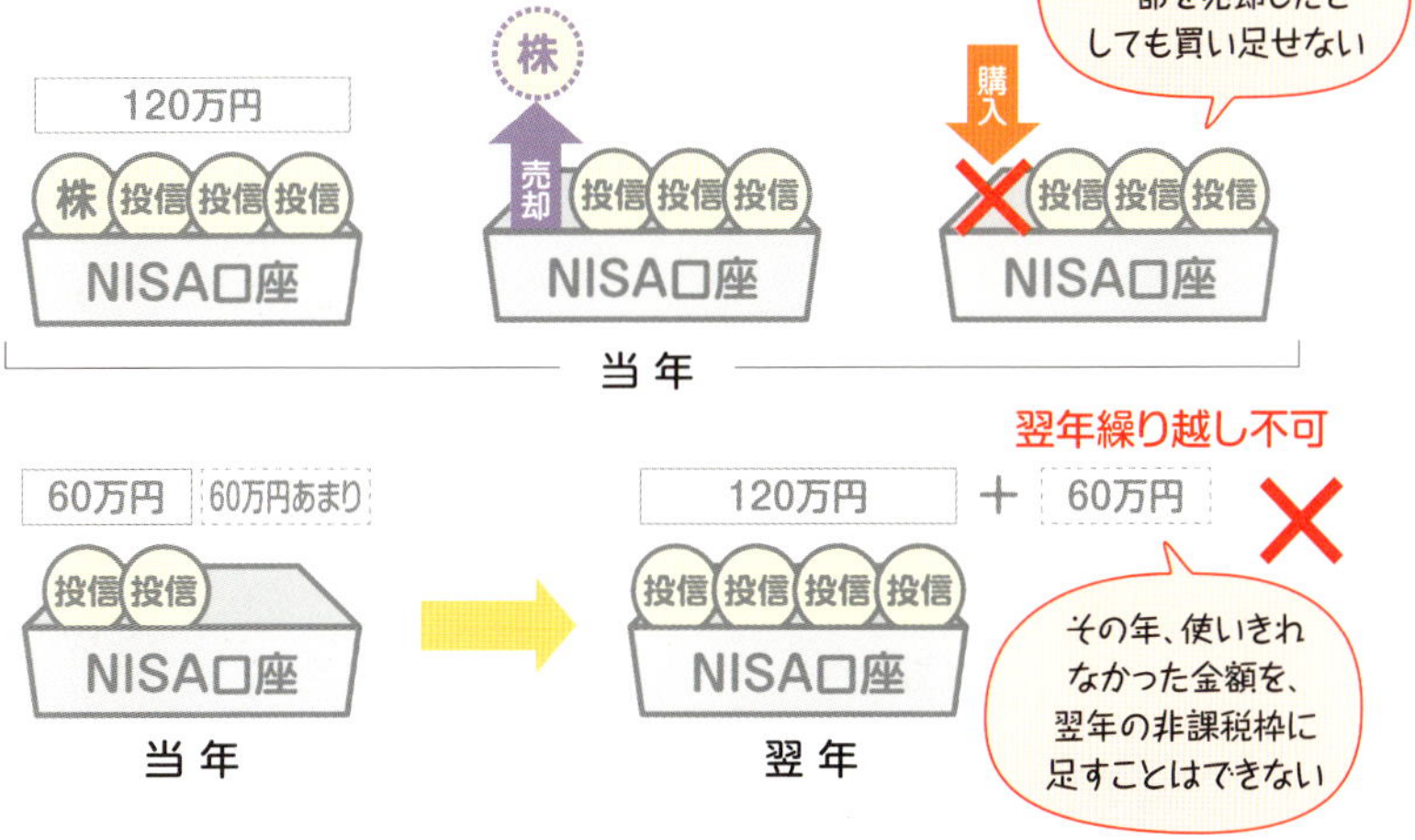

❸損失の繰り越しはできない

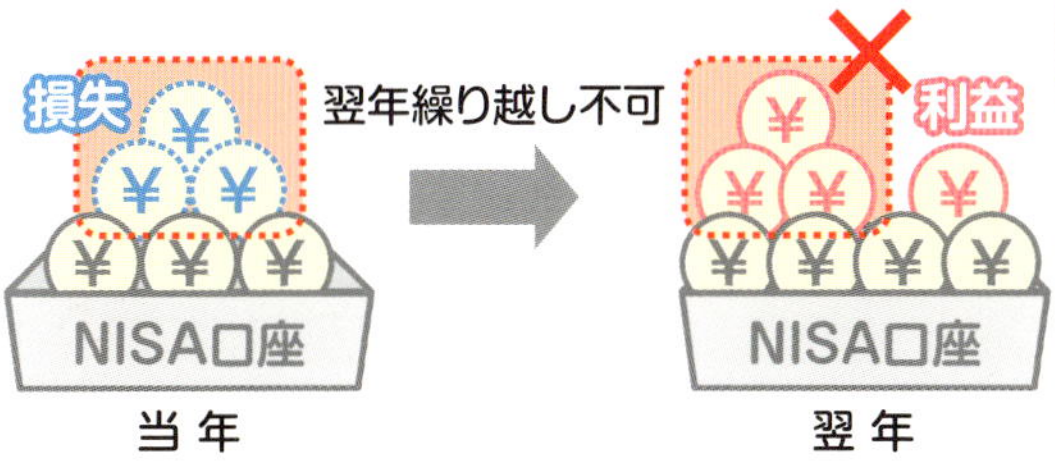

投資信託の買い方

15 「口数《くちすう》」をもとに売買すると……

通常の基準価額は1万口あたり

よくテレビや新聞などに出てくる株価は、その企業の1株あたりの値段で、投資家はその値段をもとに100株単位などで売買しています。

投資信託の価格は「基準価額」という値段で表し、「口数《くちすう》」という単位で取引します。公表されている基準価額は、通常1万口あたりの価格となっています。これは多くの投資信託が最初に1万口あたり10000円で設定（発売）されるからです。

基準価額÷1万口＝1口あたりの値段

仮に基準価額8000円の投資信託を買うとしましょう。1口あたりで0.8円となります（8000円÷1万口＝0.8円）。

それに100万円を投資する場合、単純に100万円÷0.8円＝125万口が購入口数となります（**投資額÷1口あたりの基準価額＝購入口数**）。

ただ、買うときには次項で述べる「販売手数料」も必要となります。

一方で投資信託を解約するには、解約時の基準価額が基本となります。単純に計算すると「**解約時の基準価額×保有口数÷1万口**」となります。

ただこれにも「信託財産留保額《しんたくざいさんりゅうほがく》」というコストがかかります。解約して利益が出たら、その利益に対して税金もかかります。

用語解説 解約手数料

投資信託を途中で解約（換金）したとき、受益者が負担する費用。販売会社に支払う。買付時に手数料を取らないファンドが、解約時にこの手数料を取ることがある。目論見書に手数料率などは載っている。

売買計算はこうなっている

●上記ファンドの運用計算例

手数料および税金など、コストは含まず／分配金は含まず

投資額100万円

これから、楽しみだわ

Ⓐ 09年5月に基準価額10,000円で購入

10,000円（基準価額） ÷ 10,000口＝ 1円（1口あたりの基準価額）

100万円（投資金額） ÷ 1円（1口あたりの基準価額）＝ 1,000,000口（購入口数）

13万円もマイナス

Ⓑ 12年5月に基準価額8,700円で解約

8,700円（基準価額） × 1,000,000口（保有口数） ÷ 10,000 ＝ 87万円

100万円プラス!!

Ⓒ 15年5月に基準価額20,000円で解約

20,000円（基準価額） × 1,000,000口（保有口数） ÷ 10,000 ＝ 200万円

実際の取引には、販売手数料や信託報酬などのコストや税金もかかることを理解しておきましょう（次項参照）

買い方は2とおり

金額指定で注文（投資金額10万円）

❶ 販売手数料が込みの場合（投資金額10万円）

100,000円 − （100,000円×3.78%） ＝ **96,220円**

投資金額　販売手数料3,780円　購入金額

96,220円 ÷ （ 8,350円 ÷ 10,000口 ）＝ **115,233口**

購入金額　基準価額　購入口数

❷ 販売手数料が別の場合（投資金額10万円）

100,000円 ÷ （ 8,350円 ÷ 10,000口 ）＝ **119,760口**

投資金額　基準価額　購入口数

100,000円 ＋ （100,000円×3.78%） ＝ **103,780円**

投資金額　販売手数料3,780円　購入必要金額

口数指定で注文（購入口数10万口）

8,350円 × 100,000口 ÷ 10,000 ＝ **83,500円**

基準価額　購入口数　購入金額

83,500円 × 3.78% ＝ **3,156円**

購入金額　販売手数料

83,500円 ＋ 3,156円 ＝ **86,656円**

購入金額　販売手数料　購入必要金額

購入時の販売手数料は
目論見書でチェック

金額指定か口数指定か

投資信託を購入するには「金額指定」と「口数指定」の2とおりの方法があります。

「金額指定」はその名のとおり、購入金額を指定して購入する方法、「口数指定」は投資信託の口数を指定して購入する方法です。

金融機関や投資信託の種類によって、購入方法が異なる場合もあります。

どちらのほうがいい、ということはありませんが、これらを理解しておくことも大切です。

次の投資信託を
購入してみよう！

○○高配当株ファンドオープン	
直近の基準価額	参考8,500円（○月○日現在）
申込価格	約定《やくじょう》日《び》（売買成立日）の基準価額
販売手数料	3.78%（税込み）
信託報酬	1.7928%／年（税込み）

※購入時の基準価額は購入申込当日か翌日の基準価額となる

※ここでの購入時の基準価額は、8,350円

基準価額は、購入時には
わかりません

16

投資信託にかかるコスト

コストは購入・解約・運用中にかかる

投資信託には以下のコストがかかります。

①販売手数料（＋消費税）……**購入時**

販売手数料は、**投資信託を購入するときにかかる手数料です**。同じ投資信託でも販売している会社によって額が異なる場合があります。

投資額に対してだいたい1・08～3・15％、さらに消費税が加算されます。

なかには「ノーロード」と呼ばれる、販売手数料が無料の投資信託もあります。

②信託報酬（＋消費税）……**運用中**

運用管理費です。**投資信託を運用している間は、毎日かかります**。

だいたい年率0・5～2・5％と投資信託によって違いますが、運用状況にかかわらず、純資産総額から差し引かれるので要注意です。

③信託財産留保額（＋消費税）……**解約時**

投資信託の解約時に、自分の解約する財産の一部をペナルティとして残すもの。投資信託によって額は変わりますが、一般には0・1～0・5％です。厳密には異なりますが、解約時の手数料のようなイメージです。

④収益に対する税金

上記のコストのほかにも、譲渡益や分配金などには、利益分に対して原則20・315％の税金がかかります。NISA口座ではこれは非課税になります。

アドバイス　**投資信託のコストにはバラつきがある**

POINT

投資信託のコストは、一概に何％というものではなく、運用会社や販売会社によってバラつきがある。同じ投資信託でも、販売会社によって販売手数料が異なることもあるのでチェックが必要。

かかるコストも押さえておこう

購入するとき

販売手数料

基準価額に対して
1.08%～3.15%程度
(+消費税)

※販売手数料がゼロのファンドは「ノーロード」と呼ばれる

保有中(運用中)

もう少し運用してみよう

信託報酬

純資産総額に対して
年0.5%～2.5%程度
(+消費税)

※信託財産から日割りで毎日差し引かれる

これ重要!

解約するとき

解約しよっと!

信託財産留保額

基準価額に対して
0.1%～0.5%程度
(+消費税)

税金

税務署

解約時の値上がり益(譲渡益)・分配金(普通分配)といった利益に対して20.315%が課税

※特別分配は利益でないため、課税されない

積み立て投資（投信積立）をやってみよう

まずは目標を立てる

積み立て投資を始めるにはまず、何%の運用で何年後にいくらの資産を作るかの「目標」を決めましょう。

たとえば10年後に年利5%の運用で300万円の資産を作る目標を立てた場合、毎月2万円ずつ積み立てていけば達成できます。

次に、5%の運用を実現できるファンドを選ばなければなりません。ここでは、モーニングスターやネット証券（楽天証券、SBI証券など）の**スクリーニング機能を利用するといいでしょう**（132〜133ページ参照）。

また、取り扱う銘柄数の多い証券会社を選ぶことも重要です。この点はネット証券が有利かもしれません。

いずれにせよ、インターネットの利用は不可欠といえるでしょう。

手数料が安い金融機関を選ぶ

金融機関を決めるには、取り扱っている投資信託の本数も重要ですが、**積み立てる際にかかる手数料も見ておく必要があります**。

長期間積み立てるので、このコストは重要です。条件の有利な金融機関を選んでください。

また、積み立てであっても投資なので、運用状況の確認が必要です。

買ったあとも放置するのでなく、少なくとも3か月に一度は確認してください。

アドバイス

積み立て投資は時間が重要

POINT

積み立て投資は、目先の利益狙いではなく、長期間をかけてリスクを時間によって分散しながら行う。金融商品の値動きは一方向だけに動くことはないので、時間を利用して値動きの変動を平均化していくことが重要。

積み立て投資のやり方

※ここでは楽天証券で口座を開設し、積み立て投資を始める方法を解説します。

口座を開設する
ここでは楽天証券に口座を開設

→

目標と積立額・期間を決める
ここでは10年間で300万円を目指す。5%の運用を目標

→

運用するファンドを選ぶ
ここではインデックス型ファンドを選択

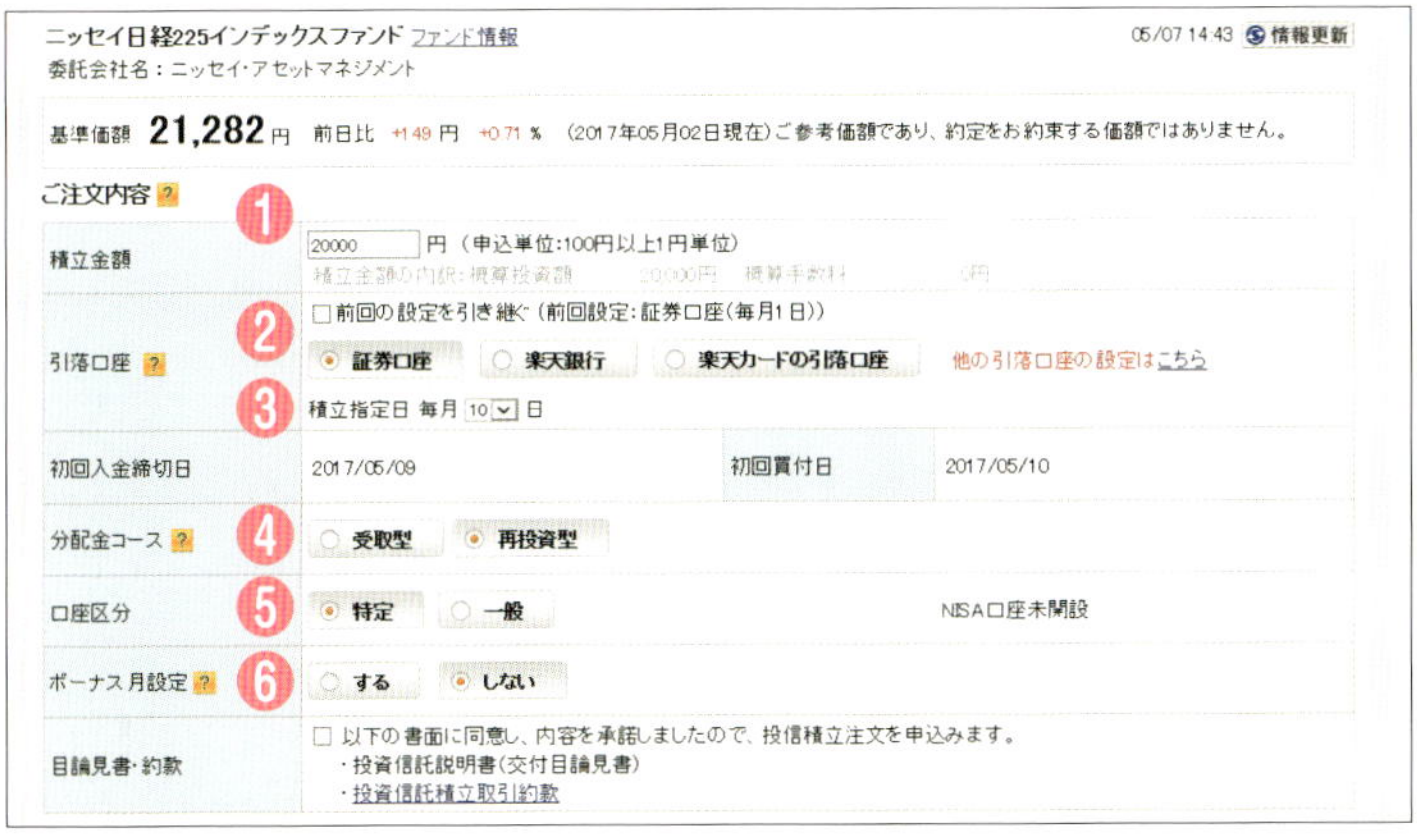

❶毎月の積立金額を入力（ここでは100円以上、1円単位）

❷毎月の積立金の引き落とし口座を指定

❸毎月の積立日（購入日）を設定

❹分配金の指定（受取型・再投資型）※再投資型がおすすめです（136ページ参照）

❺口座の区分（特定・一般）を指定　※特定口座がおすすめです

❻ボーナス月（増額購入）のあり・なしを指定

これで積み立て投資スタートです！

Column

投資に必要な「目標金額」と「達成期間」

投資と投機は違う

「投資」とは、自分の資産を「いつまでに、どのくらい増やすのか」を決めて、金融商品を活用して運用することです。

「投機」とは、チャンスを狙って市場（株式など）に資金を投入し、動きが出たところで決済して、差益金を得ていく運用方法です。

何が違うのかといえば、「投資」には達成期間（運用期間）を設けて、その期間にあわせた運用商品を選ぶという特徴があります。

一方「投機」は、値上がりしそうな金融商品に間髪容れずに資金を投入し、すぐに売却して収益を上げるというものです。

目標金額と達成期間を設ける！

本書で扱う「投資」で大切なのは、「目標金額」と「達成期間」の設定です。

目標金額とは、たとえば１００万円の資産を２００万円にするということですが、ここで重要なのは、1か月で２００万円にしようと思えば、「投機」で資金を運用することになります。しかし、期間を10年と定めれば、年率７・１８％（１年複利）の運用で達成できるので、条件に見合った金融商品で運用すればいいということになるのです。

何で運用するかも大切ですが、目標金額と達成期間の設定も最初の重要なポイントです。

PART 3

いろいろある!

投資信託の種類

17

ファンドを知る前提条件

「目《もく》論《ろ》見《み》書《しょ》」を読むところから始まる

重要な情報源

投資信託の目論見書は、36ページでも記したとおり、投資信託の説明書です。法令に基づいて運用会社が作成し、販売会社が投資家に最初に**必ず交付するよう義務づけられています**。

まずは目論見書を見てから実際に運用をスタートすることになります。

押さえるポイントは4つ

目論見書にはその投資信託に関する基本事項が記されています。とはいえ、そのすべてを読み込んで、理解するのは大変です。かかるコストをはじめ、多くの情報が載っていますが、とくに、投資を行う際に押さえておくべきポイントは以降のとおりです。

①何を使って運用するのか
……日本株、外国株、債券など

②どんな運用方針なのか
……バリュー投資、積極売買など

③どんなリスクがあるのか
……為替変動リスク、カントリーリスクなど

④現在までの運用実績はどうか
……期間騰落率、分配状況、基準価額など

次ページ以降を参考にしながら、少なくともこれらの項目を理解できるようになっておくことが必要です。

用語解説 請求目論見書

投資家から請求があった場合に交付される目論見書。請求があった場合、運用会社が作成し、ただちに販売会社が投資家に交付する。交付目論見書の情報に加えて、ファンドのくわしい経理状況などが載っている。

目論見書を見てみよう！

※グローバル・ロボティクス株式ファンド

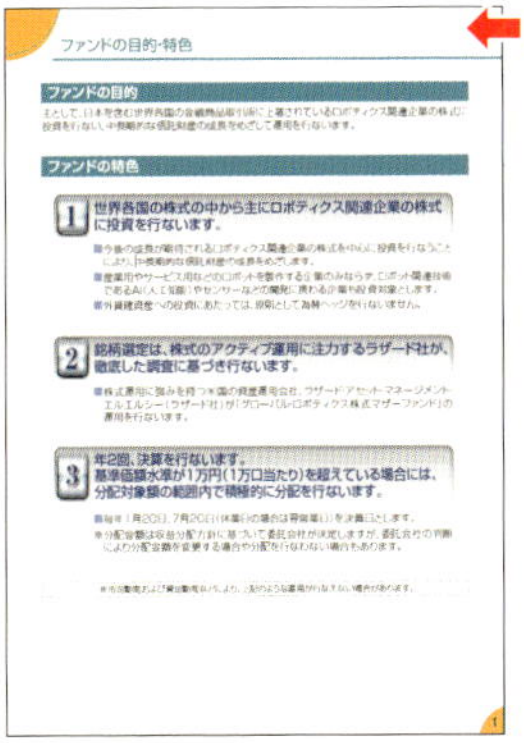

❶ファンドの目的・特色

ファンドの目的や特色を説明しているよ！

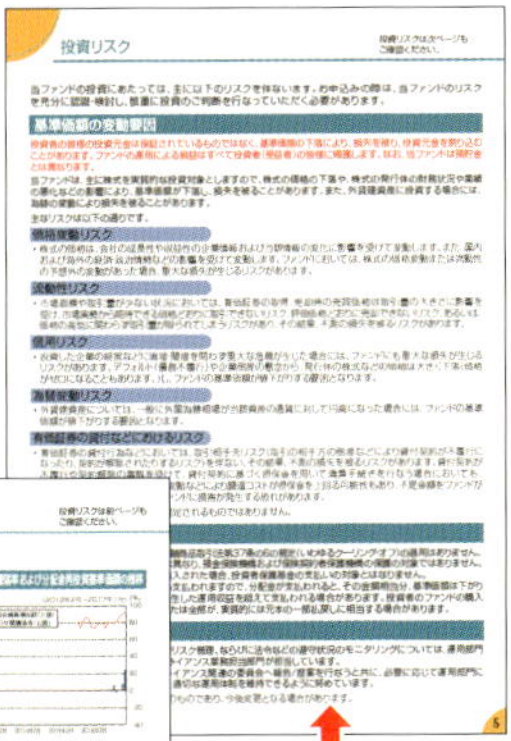

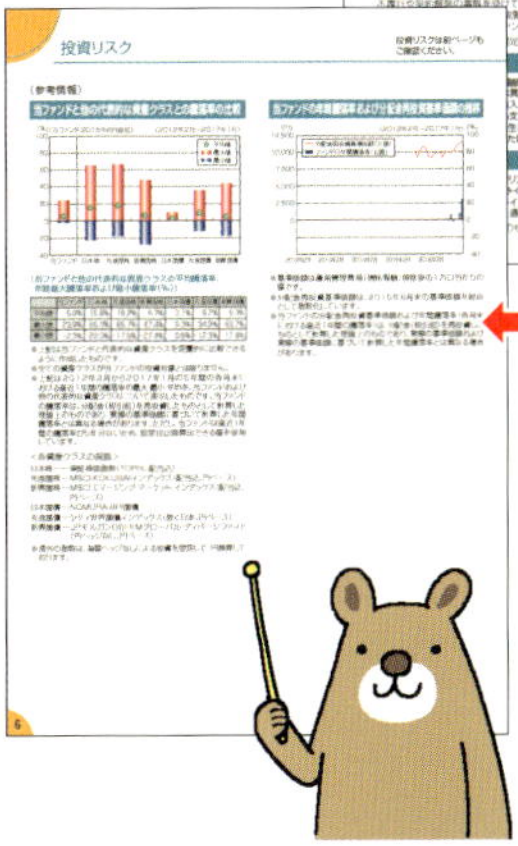

❷ファンドのリスク

リスクは、2ページにわたって説明されていて、ここで騰落率も見られるよ！

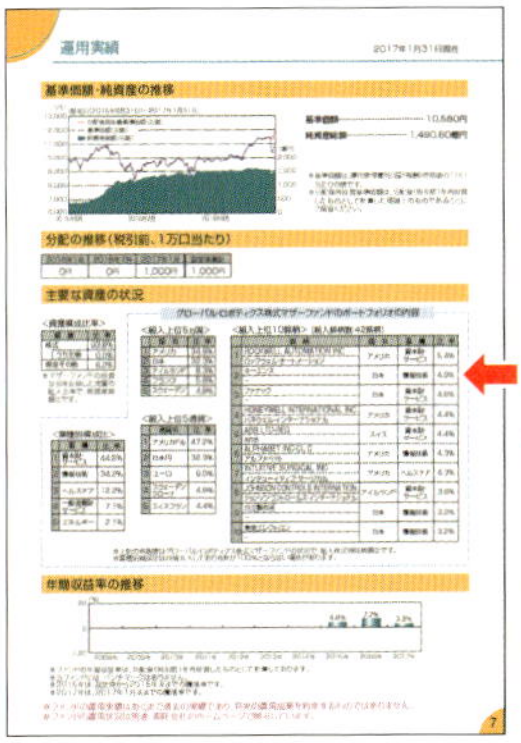

❸運用実績

純資産総額や基準価額の推移など、今までの運用実績が確認できるよ！

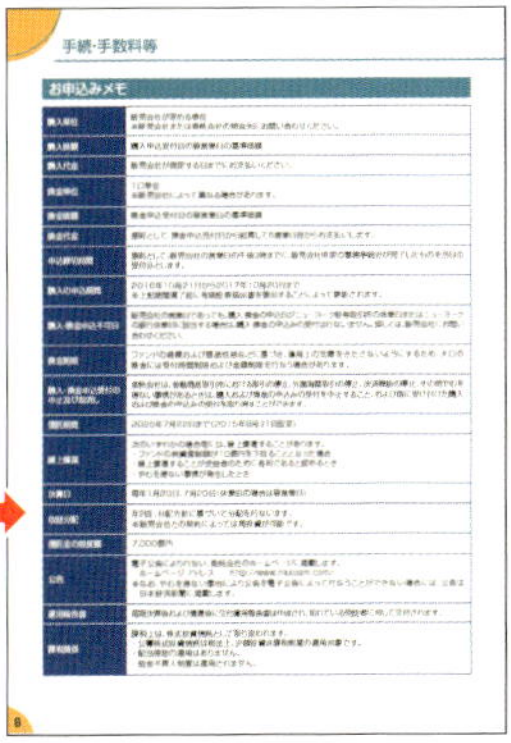

❹手続き・手数料

ファンドのコストや手数料、手続きなどの情報が見られるよ！

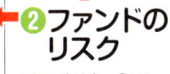

出てくる言葉①

キャピタルゲイン

キャピタルとは、資本または資産を指します。

よって、有価証券や土地などの**価格変動**にともなって得られる収益をキャピタルゲインといいます。

逆に価格変動にともなう損失はキャピタルロスといいます。

インカムゲイン

インカムとは直訳すると「収入」あるいは「所得」という意味となります。

投資信託でのインカムゲインとは、債券からの**受取利子**や株式からの**配当**、投資信託からの**収益分配金**などで得られる収入です。

定性評価

ファンドなどの**運用哲学や運用体制**など、数値として現れる前のバックグラウンドや運用者の資質などを分析し、評価する方法です。

実際に運用責任者や経営者などにインタビューをするなどして、評価することもあります。

定量評価

ファンドなどの過去の変動幅など、**数値で捉えられるもの**を統計的手法に基づいて数量的に分析し、評価する方法をいいます。

具体的には、株価をマーケットの平均と比較評価する「ベンチマーク比較」などがあります。※

ユニバース

組み入れ候補の銘柄群のこと。投資信託では、運用する際にポートフォリオに組み入れられる銘柄グループを指します。

たとえば日経平均ベンチマークでは、日経平均株価の採用銘柄である225種がユニバースとなります。

ポートフォリオ

金融商品の組み合わせのこと。投資信託では、具体的には**運用商品の組み合わせ**を指します。

ポートフォリオを組むとは、投資信託や株などをどのように組み合わせて持つかを検討し、組み立てることを指します。

※ベンチマークの解説は68ページ参照

目論見書に

為替変動リスク

外国通貨建ての債券や株式などの場合、**円と外国通貨の為替の変動によって**、資産の価値が変動し、差損が発生する危険性を指します。

為替相場は、政治や経済といったさまざまな要因でつねに動いています。

価格変動リスク

投資信託に組み入れている、株式や債券などの**値動きによるリスク**のことです。

価格は、株式や債券を発行する企業の業績や、景気動向などによって変動します。

信用リスク

クレジットリスクともいいます。

債券を発行する国や企業などが、財務状況の悪化などで**債券を途中で償還したり、返済できない状態に陥ったりすることで**こうむるリスクです。「債務不履行（デフォルト）リスク」ともいいます。

金利変動リスク

投資信託での金利変動リスクはおもに、**債券ファンドなどでの価格の変動リスク**を指します。

債券の価格は、金利が上がれば下がり、下がれば上がるというように、金利の変動による影響を受けます。

地政学的リスク

特定の国や地域の政情不安などが原因で発生する、**政争や事件、紛争などが**、その国や地域だけではなく、周辺諸国や世界全体に影響をおよぼすリスクです。

たとえば、ここ近年では北朝鮮問題が、アメリカや日本、中国などに影響を与えています。

カントリーリスク

海外に投資する投資信託の場合、投資先の**政治・経済・社会情勢の不安定化や混乱**などで、投資の回収が困難になり、その影響で価格が変動するリスクです。

おもに中南米やアフリカなど、新興国において高くなります。

出てくる言葉②

エマージング

新興、発展の意味。インドや南アフリカといった**新興国や地域**を指します。

先進国に比べて経済成長率や成長余地が高い反面、政治や経済の基盤が不安定なため、何が起こるかわからないといったリスクがあります。

流動性リスク

流動性＝換金のしやすさを指します。

株式や債券、その他の金融商品を現金化する際に、**換金できない、または換金できても不利な条件になってしまう**など、不利益をこうむる可能性のことをいいます。

プレミアム

投資信託でのプレミアムとは、オプション取引を行う際に、オプションの買い手が支払うオプション料を指しています。

カバードコール戦略をとるファンドでは、このプレミアムを受け取り、ファンドの収益に組み入れます。

ハイ・イールド

高い利回りを指します。

債券などでハイ・イールド債といえば、信用力の低い発行体（国・企業）が、高い利率を提示して発行する債券となります。

よって、ハイ・イールド債は**信用リスク（63ページ）が大きい**ということにもなります。

スクリーニング

スクリーニングは「ふるいにかける、選別・選抜」の意味です。投資信託では、**投資の条件を設定して銘柄を選別すること**を指します。

自分の投資条件（予想利回りや運用年数、投資対象など）を決めて行います。

リバランスとスイッチング

「リバランス」とは、複数の投資信託の組み合わせ（ポートフォリオ）の比率を定期的にチェック・見直しし、**組み合わせを変更すること**です。「スイッチング」は、同じ商品内での**投資比率を変更すること**です。

オプション取引やそれを使ったカバードコール戦略は
外国の取引市場で行われるもの。
日本の市場では行わないので、わかりづらいかも……

目論見書に

スワップ取引

スワップとは「交換」の意味です。金融取引では、金融機関同士が互いに金利債務など、**将来発生するキャッシュフロー（流出入するお金）を交換する取引**を指します。

たとえば、FXなどで違う通貨の金利を交換する金利スワップなどがあります。

デリバティブ

金融派生商品とも呼ばれ、金利や債券、株式などから**派生した取引**を指します。

先物取引やスワップ取引、オプション取引などがあります。金融取引ではありとあらゆるもので取引が行われています。

オプション取引

おもにリスクヘッジ（リスクを回避すること）やトレーディング（取引）に活用される仕法。対象となる商品（株式・通貨・債券など）を、将来の一定の期日（期間内）に一定の数量を**あらかじめ決められた値段で買う権利、または売る権利を売買するという取引です**。

オプションでは、買う権利を「コールオプション」、売る権利を「プットオプション」といいます。金融取引ではデリバティブ（金融派生商品）の一つとして広く活用されています。なかでも投資信託では、おもにリスクヘッジの手法として活用されています。

カバードコール戦略

ある資産を保有しつつ、その資産のコールオプション（あらかじめ定めた価格で買う権利）を売却する戦略。その結果、保有資産の一定水準以上の値上がり益を放棄します。その対価としてプレミアムを受け取り、保有資産の配当収入等に加えることで、**保有資産の配当収入以上の収益を狙います**。

保有資産の価格がどう推移しようとも、オプションプレミアムを獲得できます。売却したコールオプションの原資産が、権利行使価格を超えない水準で推移した場合に、効果を発揮します。

18

運用形態編――その1

指数にあわせて運用「インデックス型」

指数は株にも債券にも不動産にもある

「インデックス」とは、一般的には見出しや索引といった意味ですが、投資信託では「指数」の意味になります。

指数は、株式には東証株価指数や日経平均株価といったもののほかに、債券やREIT《リート》にもあります（次ページ参照）。

●**東証株価指数（TOPIX《トピックス》）**……東京証券取引所第1部上場の全銘柄を対象とした株価指数。1968年1月4日の時価総額を基準値（100）とし、それと比較して指数化しています。

●**日経平均株価（日経225）**……日本の株価の水準を示します。東京証券取引所第1部に上場している225銘柄の平均株価で構成。銘柄は適宜入れ替えられています。

指数にあわせて値動きする

インデックス型ファンドは、このような**指数に連動するように**運用方針が定められています。

たとえば「日経225インデックスファンド」は、日経225に組み入れられているいくつかの株式に投資し、指数（日経225）に連動した運用を目指します。

インデックス型には**比較的コストが安いファンドが多いのも特徴です**。別名パッシブ（消極的）型とも呼ばれます。

用語解説　NOMURA-BPI総合

日本の代表的な「債券市場」のインデックスとして、国内外のパフォーマンス評価の基準に用いられる。公的機関の債券運用のベンチマークにも採用されている。野村證券金融工学研究センターが算出・公表する。

インデックス型の特徴

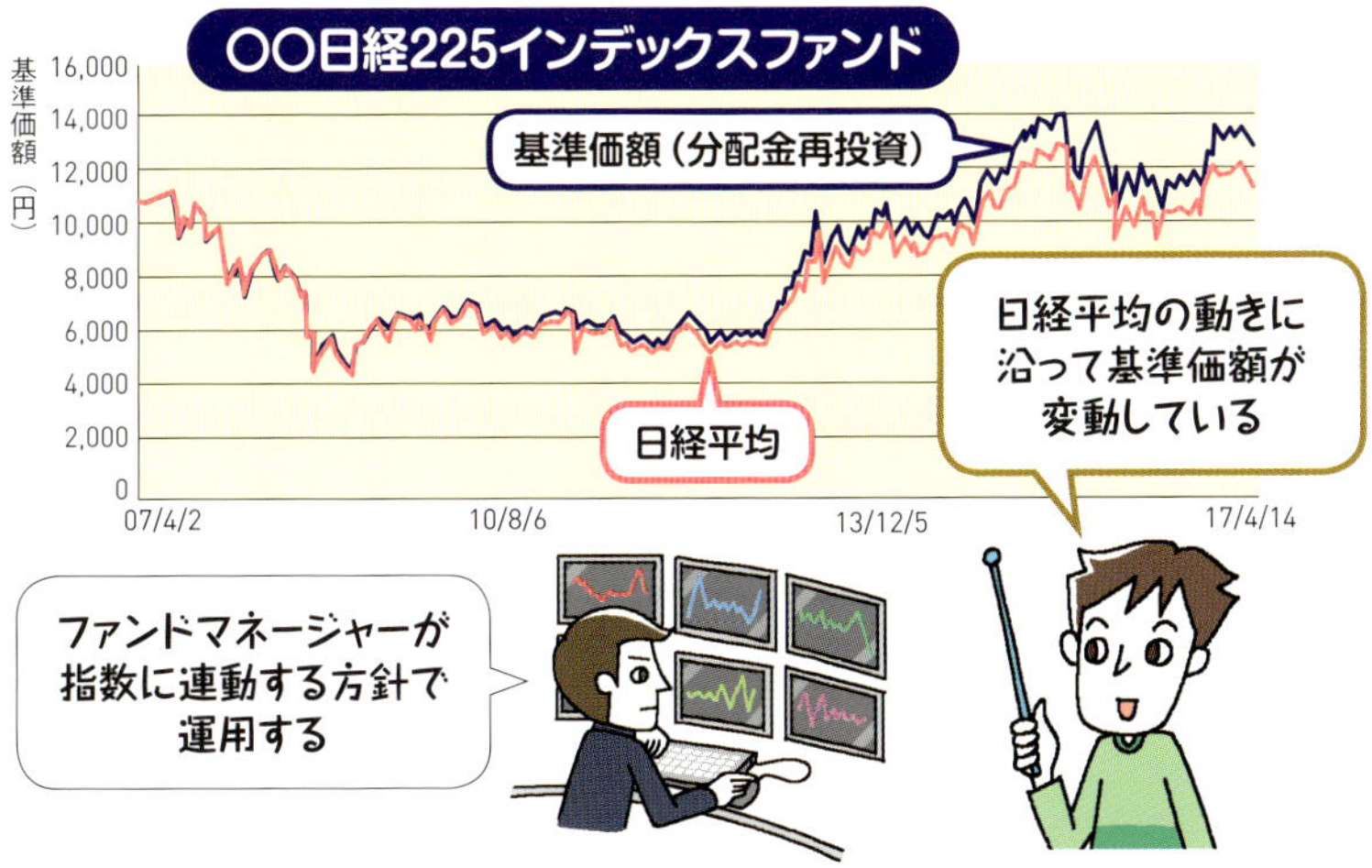

●インデックス型投資信託のベンチマークとなるおもな指数

国内株

- 日経平均株価（日経225）
- 東証株価指数（TOPIX）
- 日経ジャスダック平均株価

国内債券

- NOMURA－BPI総合
- DBI総合

海外株

- ダウ平均
- S&P500
- MSCI　コクサイ・インデックス

海外債券

- バークレイズ・キャピタル米国総合指数
- シティグループ　世界国債インデックス
- JPモルガン　EMBIグローバル

REIT（不動産）

- 東証REIT指数（国内）
- S&PグローバルREIT指数（海外）
- S&P新興国REIT指数（海外）

その他（コモデティなど）

- S&P　GSCI商品指数
- ドイツ銀行グループ商品指数

19

運用形態編――その2

プロの感覚で運用「アクティブ型」

運用者の「ウデ」で決まる!

アクティブ型ファンドは、ファンドマネージャーがさまざまな情報をもとに、**あらかじめ定めた「ベンチマーク」と呼ばれる指標を上回って収益を上げる**ことを目標に運用するものです。

仮にベンチマークを日経225にした場合、日経225以外の株式にも積極的に投資し、日経225を大幅に上回る運用を目指します。

運用するファンドマネージャーの手腕で実績に大きな差が出るうえ、運用コストがインデックス型よりも高く、積極的な運用方針のものが多いので、目論見書での運用方法・方針のチェックは重要です。

さまざまな観点から銘柄は選ばれる

●**グロース株(成長株)投資**……将来、成長が見込める企業の株式に投資する方法。

●**バリュー株(割安株)投資**……企業本来の資産や営業力などから企業価値を評価し、株価がその評価を下回っていると判断したものに投資する方法。

●**トップダウン・アプローチ**……投資する国や市場などを大局的に検討・決定し、それに見合う銘柄に投資する方法。

●**ボトムアップ・アプローチ**……個別企業の財務状況などを細かく調査・分析して投資する方法。

用語解説 ベンチマーク

投資商品の収益率や特定銘柄の騰落率などを比較・評価するための指標。通常、株価指数や債券指数などの「インデックス(指標)」が使われる。日本では日経225やTOPIXなどがある。

アクティブ型の特徴

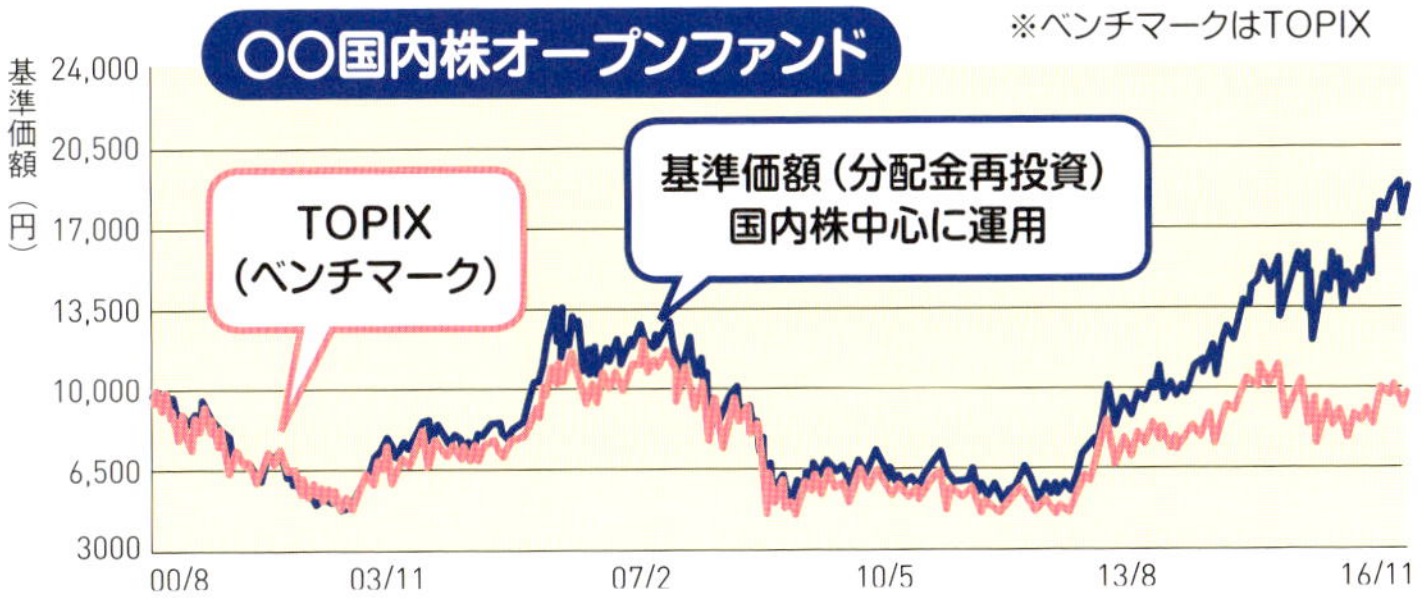

※ベンチマークはTOPIX

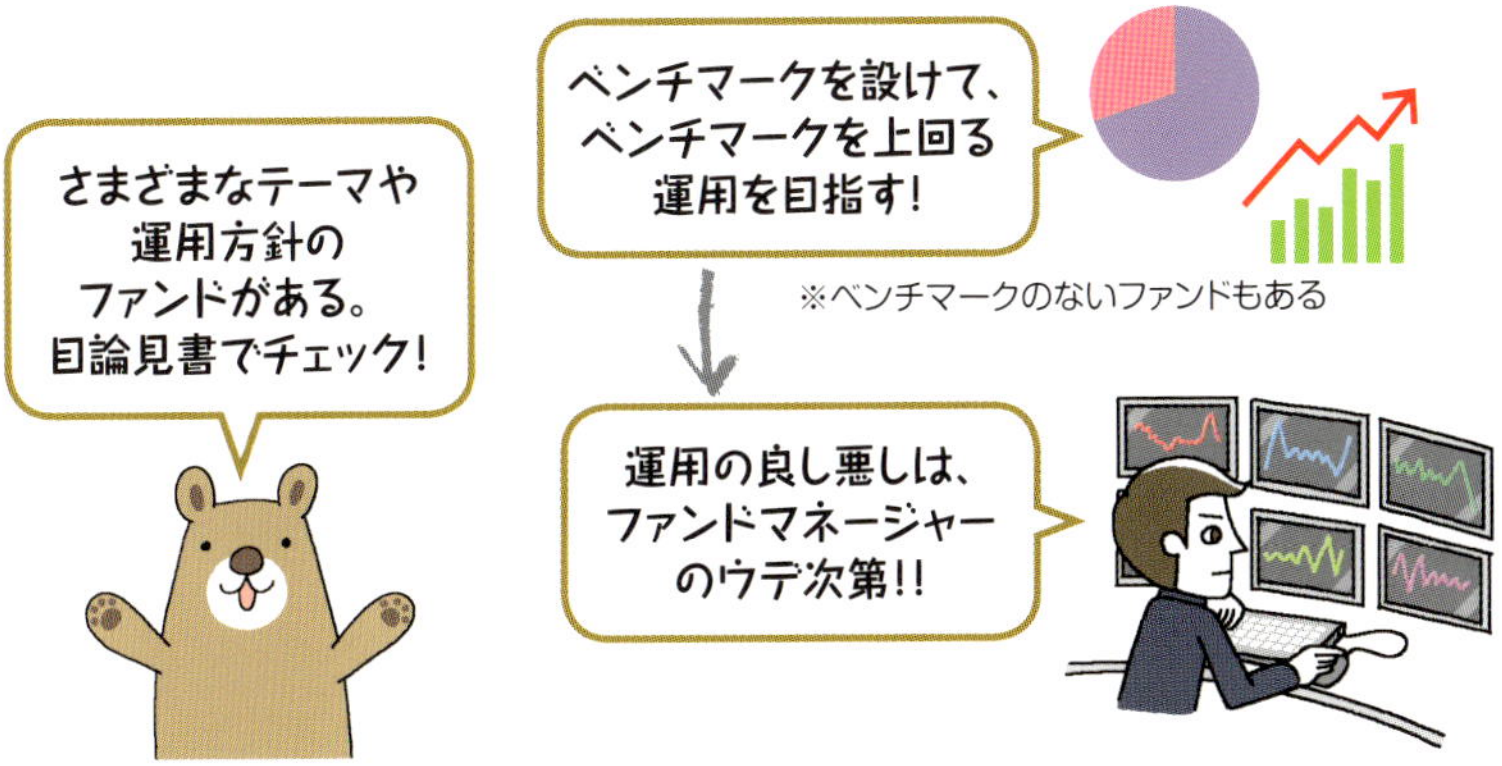

※ベンチマークのないファンドもある

ブル型／ベア型

●ブル型
強気株に投資
●ベア型
弱気株に投資

バリュー株（割安株）

市場で割安な
株式に投資する

グロース株（成長株）

成長著しい企業や、成長が見込める企業の株式に投資する

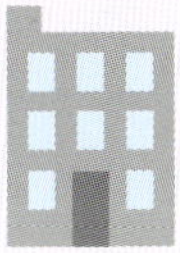

新興国株

経済成長が高い国の株式に投資する

※それぞれの特徴は78〜79ページも参照

20

運用形態編——その3

いつでも売買できる「追加型」

追加型はオープン型とも呼ばれる

投資信託には、最初に決められた期間でしか買えない「単位型投資信託」と、時期を問わずいつでも買える「追加型投資信託」があります。

それぞれ「ユニット型」「オープン型」とも呼ばれていますが、**現在販売されている投資信託の9割は追加型（オープン型）です**。

単位型にはさらに、「**定時定型**」と「**スポット型**」があります。これらには、同じシリーズのファンドを毎月募集するのか、その時どきに募集するのかという違いがあります。

また、投資信託にはそれぞれ「**信託期間**」があります。これは運用スタート（設定）から終了（償還）までの期間のこと。「単位型」の場合、この期間は2年～5年で設定されています。

「追加型」には、この期間が5年～10年で定められているものと、無期限のものがあります。

運用期間の延長や短縮もある

ただし、信託期間が定められている追加型にも、信託期間が延長されるケース（償還延長）があります。

一方で信託期間が無期限のものでも、「繰上償還」という償還期限の前倒しが行われることもあります（138ページ参照）。

初心者の場合、中・長期運用が基本なので、信託期間10年以上のものをおすすめします。

用語解説　「定時定型」と「スポット型」

「定時定型」は、同じ運用方針の投資信託を、月ごと等に設定する単位型投資信託の募集形態。「スポット型」は、経済状況や市況等を考慮して、不定期にその都度設定される募集形態。

・ファンドには単位型と追加型がある・

●単位型（ユニット型）投資信託の特徴

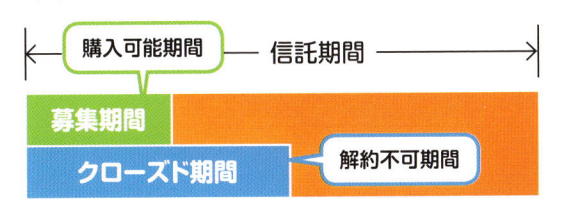

購入可能期間
信託期間
募集期間
クローズド期間
解約不可期間

- 募集期間が定められている（期間内で購入可）
- 運用期間中に解約できないタイプもある（クローズ型）

●追加型（オープン型）投資信託の特徴

購入　購入　購入
信託期間
解約　解約　解約

- 信託期間（運用期間）中、いつでも購入・解約できる
- 無期限のファンドもある

ファンドの主流は追加（オープン）型。単位型か追加型かは、目論見書で確認できる

●償還延長・繰上償還

信託期間
運用開始（設定日）　運用終了（償還日）

・償還延長（信託期間を延長する）

信託期間　運用延長（償還延長）

・繰上償還（信託期間前に終了する）

信託期間

運用不調で繰上償還
運用が不調で、純資産総額が減少し、当初の運用方針での運用が困難になり、運用会社の判断で繰上償還

好運用で繰上償還
運用が好調で、純資産総額も増加し、運用目標に到達したため、運用会社の判断で繰上償還

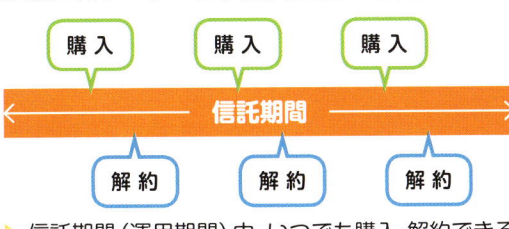

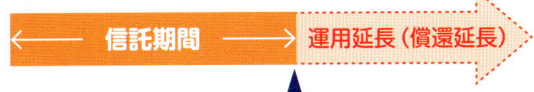

21 運用形態編――その4

一つのファンドに投資「ファミリーファンド方式」

複数で大きなファンドを運用

ファミリーファンド方式とは簡単にいうと、**一つの大きなファンドを複数の小さいファンドで合同運用することです**。

投資家は「A投信」「B投信」「C投信」と、それぞれ違うファンドを購入（投資）しますが、実際にはそれらを集めて「Y投信」という大きなファンドで運用するという方法です（次ページ参照）。

このA・B・Cのファンドを「ベビーファンド」、Yを「マザーファンド」といいます。子どもの資金をお母さんが運用するという形なので、ファミリーファンドと呼ばれているのです。

少ないお金で大きな投資

ファミリーファンド方式では、複数の小さなファンド（ベビーファンド）から集まったお金を、一つの大きなファンド（マザーファンド）にまとめて運用します。よって、少額ではできない金融商品を組み入れられます。**マザーファンドで得た収益は、それぞれのベビーファンドに割り当てられます**。

また、マザーファンドには信託報酬が発生しないので、コスト面でも有利といえるかもしれません。

難点は、ベビーファンドは違えども大元は同じなので、どれも同じ運用方針になるという点でしょうか。

用語解説　**受益証券**

ファンドの利益を受ける権利（受益権）を証券化したもの。ファミリーファンド方式では、投資家はベビーファンドの受益証券を買って、ベビーファンドで集められた資金はマザーファンドの受益証券に投資される。

•まとめて運用するファミリーファンド方式•

- ○ まとまった大きな資産で運用できる
- ○ 投資効率が上がり、手数料が安くなる
- × 同じ運用会社の投資信託でしか運用しない

別の会社にいいファンドがあってもダメ

22

運用形態編――その5

複数のファンドに投資「ファンド・オブ・ファンズ方式」

購入した投信で別の投信を運用

ファンド・オブ・ファンズ方式とは、簡単にいうと、購入した「A投信」が別の「B投信」や「C投信」、「D投信」に投資・運用するというものです（次ページ参照）。

自分が投資（購入）したファンドが別のファンドに投資・運用している点が、ファミリーファンド方式と異なります。

分散効果はあるがコスト高

ファンド・オブ・ファンズ方式ではいろいろなファンドに投資するので、**分散投資の効果が高まります**。

先の例では、購入した「A投信」が投資している「B投信」の実績が芳しくなくても、「C投信」に利益が出ていれば相殺できる、というような効果が期待できます。

また、ヘッジファンドのような富裕層にしか認められないようなファンドにも投資できる可能性があります。

しかし、購入したファンドが**別に投資している複数のファンドそれぞれに対してもコストがかかります**。

とくに信託報酬がそれぞれのファンドに発生するため、ファミリーファンド方式に比べて、コストがかなりかさむ、ということを踏まえなければなりません。

ただこれも、かかるコスト以上に運用実績のよいファンドであれば問題ありません。

用語解説　ヘッジファンド

ヘッジ（hedge）は「避ける」という意味。下落時の資産の目減りを避けるというところからヘッジファンドと呼ばれる。さまざまな取引手法で、市場の変動（値上がり・値下がり）に関係なく、利益の追求を目的としている。

・分散が図れるファンド・オブ・ファンズ方式・

○ 複数のファンドに投資をするので、分散投資ができる
○ 複数のファンドを選ぶ手間がかからない
× 複数のファンドで運用するぶん、コストがかかる

23

投資対象編――その1

株式で運用「株式投資信託」

いろいろな種類がある

投資信託は大きく「株式投資信託」と「債券型投資信託」に分かれます。ただし、運用の一部にでも株式を組み込んでいるファンドはすべて、株式投資信託となります。ここでは単純に株式だけで運用する投資信託について説明します。

次のように、株式投資信託にも運用方針によっていろいろな種類があります。

●**テーマ型**……自動車、ＡＩなど個別のテーマに沿った企業の株式で運用します。

●**インデックス型**……日経平均株価やＴＯＰＩＸなどの指数に沿った運用をします。

●**国際型**……中国やアメリカなど、海外企業の株式を中心に運用します。

●**中小株型**……国内の中小企業の株式を中心に運用します。

株価の変動で損益が変わる

株式投資信託のメリットは、**投資している株価が上がれば、高い運用実績が期待できる点です**（反面、値動き次第では、損失も大きくなります）。

たとえば２０１２年に設定された『ひふみプラス』という、日本の運用会社（レオス・キャピタルワークス）のファンドが注目されています。設定以来値動きもよく、運用方針などが特徴的なファンドとしても知られています。

用語解説　**株価指数先物**

日経225やTOPIXなどの株価指数を、将来のあらかじめ定められた日に、現時点で取り決めた値段での売買を約束し（将来の値段に関係なく）、売買する取引。オプション取引の一種。

株価の動きに左右される

メリット

❶株価上昇により、大きなリターンが狙える！

❷複数の株式に分散投資ができる！

❸海外企業の株式や特殊銘柄にも投資でき、その種類も豊富

デメリット

❶株価が下がるとロスが大きくなる

❷海外株式での運用では為替が影響する

❸テーマによっては変動率が大きく、予測が立てにくい

●地域別の株式投資の特徴

	国内株式	先進国株式	新興国株式	株価指数先物
トータルリスク	ミドルリスク	ミドルリスク	ハイリスク	ハイリスク
リターン	ミドルリターン	ミドルリターン	ハイリターン	ハイリターン
変動率	中	中	大	大
為替リスク	なし	あり	あり	あり
カントリーリスク	小	小	大	大

その地域の政情不安などで起こるリスク

●海外では地域などでもリスクの度合いが変わってくる

●どんな会社の株式に投資しているかでも、リスクの度合いは変わってくる（次ページ参照）

信託の種類と特徴

中小株型ファンド

国内（海外）の中小型株をおもな対象として運用する。

業績の増減しやすい中小企業の株に投資をするため、**価格変動幅が大きい**。

●おもなファンド

中小型株式オープン／EXE-iグローバル中小型株式ファンド／日本厳選中小型株ファンド／日興キャッシュリッチファンド

インデックス型株式ファンド

日経225、TOPIXなどの株価指数に連動した運用を目指す。

市場平均を目指して運用するので、**市場平均以上の運用益を上げるのは難しい**。

●おもなファンド

ニッセイ日経225インデックスファンド／インデックスファンドNYダウ30

グロース株型ファンド

今の株価は高くても、今後の成長性が高い銘柄に絞って運用する。思惑どおりに成長しないなど、**成長見通しが違った場合、下落する恐れがある**。

●おもなファンド

大和住銀日本グロース株ファンド／日本グロースオープン／JPMジャパンマイスター利益還元株オープン

バリュー株型ファンド

業績や保有資産に対して、株価が割安な銘柄を中心に投資する。

市場平均に比べて割安な株に投資するが、**実際はファンドマネージャーの判断次第となってしまう**。

●おもなファンド

ノムラ・ジャパン・バリュー・オープン／DIAM割安日本株ファンド／日本好配当株式ファンド

おもな株式投資

ブル型・ベア型ファンド

ブルは「強気＝上昇」、ベアは「弱気＝下落」を意味する。

「ブル型」は株価が上昇することで、「ベア型」は下落することで運用効果が上がる。

基準となる指数などの値動きを大幅に上回る成果を目指すので、価格変動幅も大きく、**差損益が大きくなる**。

●おもなファンド

楽天日本株トリプル・ブル／日本トレンド・セレクト＜ハイパーウェイブ＞／楽天日本株トリプル・ベアⅢ／日本トレンド・セレクト＜リバーストレンド・オープン＞

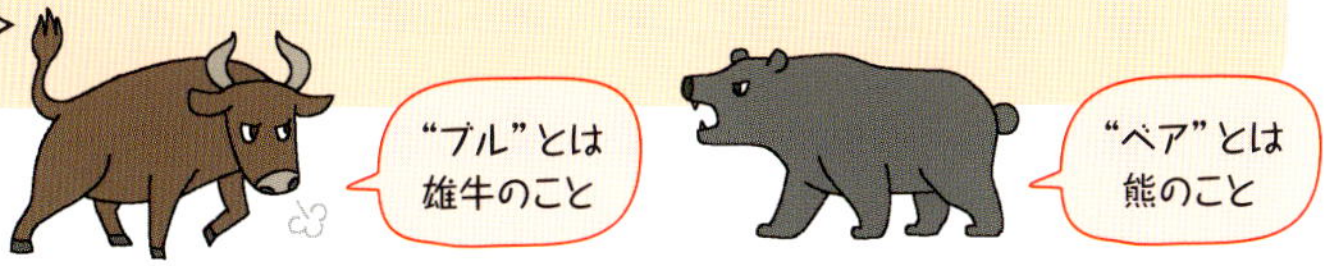
"ブル"とは
雄牛のこと
"ベア"とは
熊のこと

新興国株式型ファンド

ブラジル・インド・中国など、新興国の株式で運用する。

新興国の株式は経済基盤等が未成熟なので、**変動幅が大きい**。よって株価が乱高下しやすい。

●おもなファンド

アジア優良株オープン／JPMアセアン成長株オープン／三井住友・中国・台湾株式オープン

テーマ型株式ファンド

エコやITなど、話題になっているテーマに関連する銘柄に的を絞って投資する。

一時的には期待できるが、それが**中長期間、継続できるかは不明**。

●おもなファンド

グローバルロボティクス株式ファンド／ニッセイAI関連株式ファンド／世界シェールガス株ファンド

24 投資対象編——その2
債券中心に運用「債券型投資信託」

利払い(インカムゲイン)を狙う

債券型投資信託は、国債や地方債などの公社債や、企業の社債などを中心に運用される投資信託です。債券は利率や元金の償還期限が確定していることから、**投資信託の中でも比較的リスクが低く、安全性が高い**といわれています。

債券型投資信託は運用する債券の種類や地域によって分類されます。国内の公社債を中心に運用する「国内債券型」、外国の公社債を中心に運用する「外国債券型」といった具合です。

特徴は、**株式投資信託に比べて価格変動リスクが少ない反面、大きなリターンも期待できないという点です**。

ただ、海外の利回りの高い債券や、発展途上国の債券などに投資しているものには、高いリターンが見込める反面、為替変動リスク(極端な円高で損をする)や信用リスク(元本の償還や利息の支払いができなくなる)などがあります。

債券投資信託は「公社債投資信託」のみ

公社債投資信託(ＭＭＦなど)以外の投資信託は株式投資信託に分類されます。

これは、約款に１％でも「株式に投資できる」とあれば、実際には債券だけで運用しているファンドでも株式投資信託扱いとなり、「債券型投資信託」と呼ばれるためです。

アドバイス　債券中心なのになぜ株式投資信託?

POINT

「公社債投資信託」は、投資対象が厳密に定義されており、それ以外は株式投資信託に分類される。債券をおもな投資対象としていても、運用設計上、より自由度の高い株式投資信託に区分けされる。

リスクが少ないけどリターンも低い

メリット

❶比較的値動きが安定しているので、基準価額の変動が少ない

❷海外債券の場合、高い金利で高リターンを狙える

デメリット

❶変動幅が小さく、リターンが低い

❷発行体（国・企業・政府機関等）が破綻したら、お金が戻ってこない

❸外国債は為替変動の影響を受ける

※株式と債券の違いは38ページ参照

●公社債投資信託の特徴

	MRF	MMF	外貨MMF
運用先	超短期の債券	中・短期の債券	海外の高格付け債券
リスク	ローリスク	ローリスク	ミドルリスク
リターン	ローリターン	ローリターン	ミドルリターン
為替の影響	なし	なし	あり

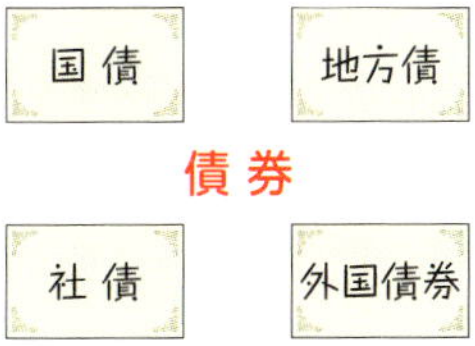

信託の種類と特徴

国内債券インデックスファンド

NOMURA−BPI総合（国内債券指数）をベンチマークにして運用する。

ローリスク・ローリターンで、**ほかの資産クラス（株式など）と逆の動きをする**。

●おもなファンド

ニッセイ国内債券インデックスファンド／たわらノーロード国内債券

公社債投資信託

投資先を公社債に絞って運用する。

比較的安全性が高く、**元本割れを引き起こさないように運用するが、収益を目指す運用はしない**。

●おもなファンド

マネー・リザーブ・ファンド（MRF）／マネー・マネージメント・ファンド（MMF）／外貨マネー・マーケット・ファンド（外貨MMF）

世界国債インデックスファンド

シティグループ世界国債インデックス（債券指数）をベンチマークにして運用する。

米国債などで運用するので、**為替変動の影響を受ける**。

●おもなファンド

外国債券インデックスファンド／インデックスファンド海外債券／日興五大陸債券ファンド

ソブリン債券型ファンド

各国政府や政府機関などが発行・保証する債券で運用する。

先進国と新興国でリスクに差があるので、国や地域を考えた投資が必要となる。

●おもなファンド

グローバル・ソブリン・オープン／ダイワ新興国ソブリン債券ファンド／UBSオーストラリア債券

・おもな債券型投資

債券型投資信託で重要な「デュレーション（金利感応度）」

「デュレーション」とは、債券に投資した資金の平均回収期間を表し、金利の変動に対する価格の感応度を示すものです。

たとえばデュレーション＝5.8の債券型投資信託の場合、5.8は「金利が変動すると、この債券や債券ポートフォリオの価格は、概算でその5.8倍だけ変動します」という意味です。

ある日突然、金利が1％上昇した場合、その投資信託の基準価額は、概算で1％×5.8＝5.8％下落します。

逆に金利が0.5％下落した場合は、その債券ポートフォリオの価格はその瞬間、0.5％×5.8＝2.9％上昇することになります。

デュレーションが0に近いほど、その債券やポートフォリオの現在価格は、金利変動の影響を受けにくいことになります。つまり、デュレーションの小さいほうが、変動リスクが小さいといえるのです。

ハイ・イールド債券型ファンド

高い利回りの債券を組み込んで運用する。

ほかの債券より利率はいいが、発行体（国・企業）の信用力が低いため、**デフォルト（債務不履行）のリスクが高い**。

●おもなファンド

フィディリティ・USハイ・イールド・ファンド／欧州ハイ・イールド債券ファンド

テーマ型債券ファンド

特定のテーマや業種に絞った債券で運用する。

テーマになっている国や業種の債券で運用するので、**その注目度が薄れた場合は、ファンド資産が減少する恐れがある**。

●おもなファンド

DWSグローバル公益債券ファンド／ピクテ資源国ソブリン・ファンド

25

投資対象編――その3

不動産で運用「不動産投資信託（ＲＥＩＴ《リート》）」

株式のように上場しているＪ－ＲＥＩＴ

不動産投資信託には、「**会社型**」と「**契約型**」の2種類があります。

会社型は一般に「Ｊ－ＲＥＩＴ」と呼ばれます。証券取引所に上場しており、株式と同じように売買できます。

一方、契約型は他の投資信託と同じように、販売会社・運用会社・管理会社がそれぞれ携わったうえで、一般の投資家に『○○ファンド』という形で販売されています。

賃料収入や不動産売買益を分配

ここでは契約型であるＲＥＩＴファンドの特徴について説明します。

不動産投資信託にもアメリカやヨーロッパ、オーストラリアなど海外の不動産で運用する「海外型」や、国内の不動産で運用する「国内型」などがあります。

その特徴は、**不動産（商業施設やマンションなど）に投資して、賃料収入や売買益などを運用益として投資家に分配する**というものです。株式や債券ではなく、あくまでも不動産で運用する投資信託です。

ただし「Ｊ－ＲＥＩＴファンド」というものもあります。これは証券取引所に上場しているＪ－ＲＥＩＴに投資する投資信託です。運用会社がＪ－ＲＥＩＴに投資・運用して収益を目指しています。実際の不動産には投資していません。

用語解説　J-REIT

証券取引所に上場しているREITのこと。不動産は換金性が低く、投資金額が大きい。そのデメリットを解消するため、REITを証券取引所に「投資証券」として上場させて流動性を確保し、投資しやすい金額で発行する。

不動産の賃料や売却益で運用する

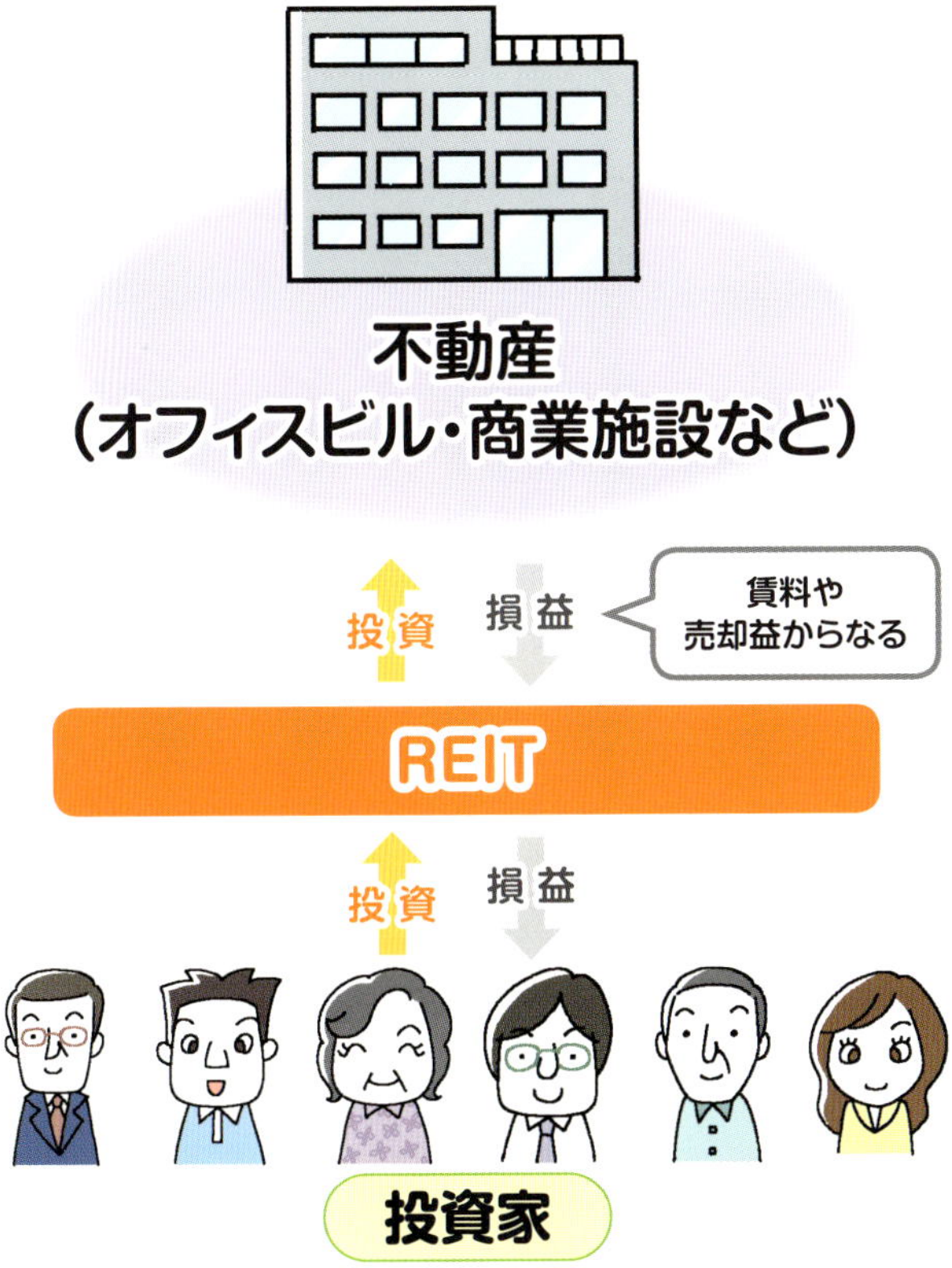

●不動産投資信託（REIT）のおもな種類

単一用途型REIT

- ●オフィスビル特化型
- ●住居特化型
- ●ホテル特化型
- ●商業施設特化型
- ●物流施設特化型

複数用途型REIT

- ●複合型REIT
（2つの用途の不動産に投資）
- ●総合型REIT
（3つ以上の用途に投資。もしくは用途を限定せずに投資）

26

投資対象編――その4

多種多様な運用「バランス型投資信託」

自然と分散しているファンド

バランス型投資信託は、一つの投資信託で株式や債券、REIT、金などに投資するほか、国内・先進国・新興国などにも分散投資するしくみです。

投資家が個別に分散投資していなくても、**一つのバランス型投資信託を購入すれば、自然と分散投資（アセットアロケーション）が行えます。**

自動的に見直してくれる

一つのファンドに異なる投資対象を組み入れて運用するというのが大きな特徴です。

国内株式・国内債券・海外株式・海外債券などを一つのファンドの中で分散投資しながら、**定期的な見直し（リバランス）なども自動的に行ってくれるという利点があります。**

反面、定期的に見直しするということは、それだけ運用コストがかかるということにつながります。信託報酬等の手数料が高いといったデメリットもあります。

バランス型投資信託を選ぶときに注意しなければならないのは、各運用資産の投資割合を見るということです（用語解説参照）。

バランス型でも債券を中心に運用するファンドもあれば、株式中心もあります。さらに4資産（株式・債券・REITなど）を均等に配分して投資するというものもあるので、目論見書で確認してください。

アドバイス バランス型投資信託の選び方

POINT

債券と株式の比率、国内と海外（先進国・新興国）の比率を見て判断しよう。自分のリスク許容度が高ければ、新興国や株式の比率が高いものを、低ければ、国内・先進国や債券の比率が高いものを選ぶ。

分散投資をしやすい

●初めからいろいろな対象に分散されている

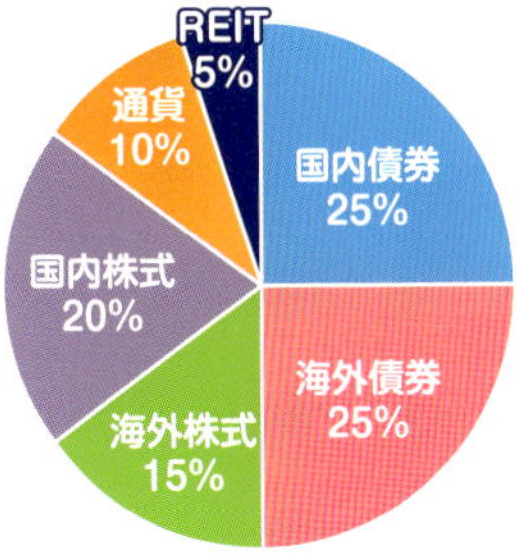

- 投資対象ごとに資産の分散を決めて投資・運用している
- 運用会社がポートフォリオ（組み合わせ）を決めて投資・運用する
- 投資家は、分散の比率などを目論見書で見て判断する

●リバランスも自動で行う

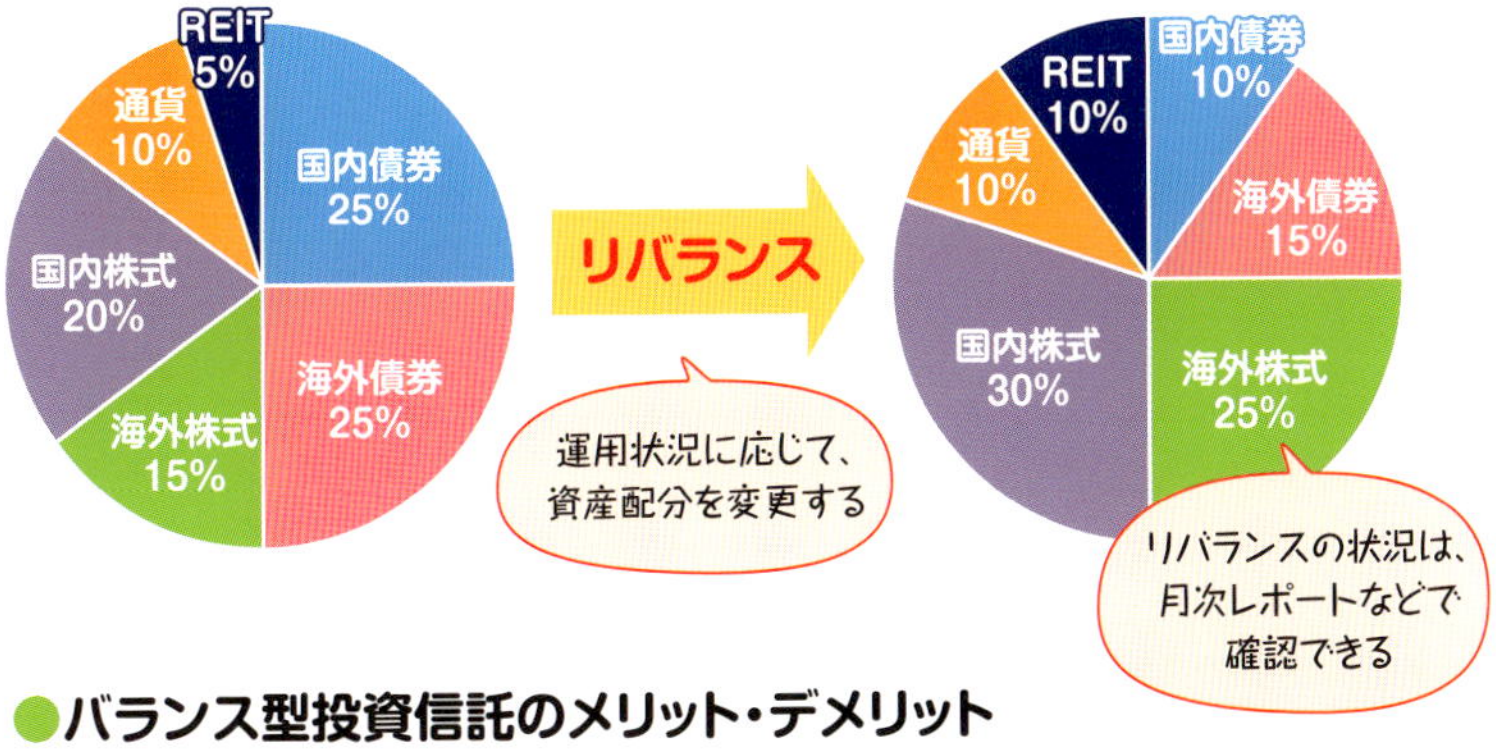

●バランス型投資信託のメリット・デメリット

メリット	デメリット
●一つのファンドで分散投資ができる	●比較的運用コストが高い
●リバランスの手間がかからない	●リバランスのタイミングが遅い傾向がある
●分散投資の効果で、リスクを軽減できる	●分散投資により、リターンが抑制される

27

少し変わった投資信託——その1

ぜんぶお任せの「ファンドラップ」

ファンドを組み合わせて運用してくれる

「ファンドラップ」（以下ラップ）とは、銀行、証券会社などが募集・販売する**投資一任運用サービス**のこと。ラップ（wrap）とは包むという意味で、**いくつかのファンドを組み合わせて運用するしくみです**。

投資家は自身のリスク許容度や投資目的などにあわせて、金融機関の専門家のアドバイスを受けながら、リスクや利率など、タイプの違う複数のファンドを組み合わせた運用を任せることになります。

運用率が保証されるわけではない

ファンドラップでは、自分の投資に対する考え方や現在の状況にあわせて自動的に運用してくれます。

金融機関は、運用を始める前に投資家に聞き取り調査を行います。調査内容は、リスク許容度（投資家に対してどこまでリスクを負えるか）、運用資金の属性（余裕資金なのか）、その他の資産の状況などです。

これを元に投資家が補えるリスクを決め、そのリスクを分散したうえで、期待するリターンが高くなる運用を、ファンドを通して行います。ただし、**運用率が保証されているわけではないので、注意してください**。

また、基本的に投資信託の売買にかかる手数料は無料ですが、投資顧問料や運用管理手数料といったコストがかかります。

用語解説　ファンドラップの投資顧問料・運用管理手数料

ファンドラップでは、投資の助言に対する報酬として、「投資顧問料」が手数料としてかかる。さらに「運用管理手数料」として、投資信託の信託報酬が徴収される。

自分にあった商品選びが大切

●金融機関によって、ファンドラップの内容やカウンセリング方法が異なる

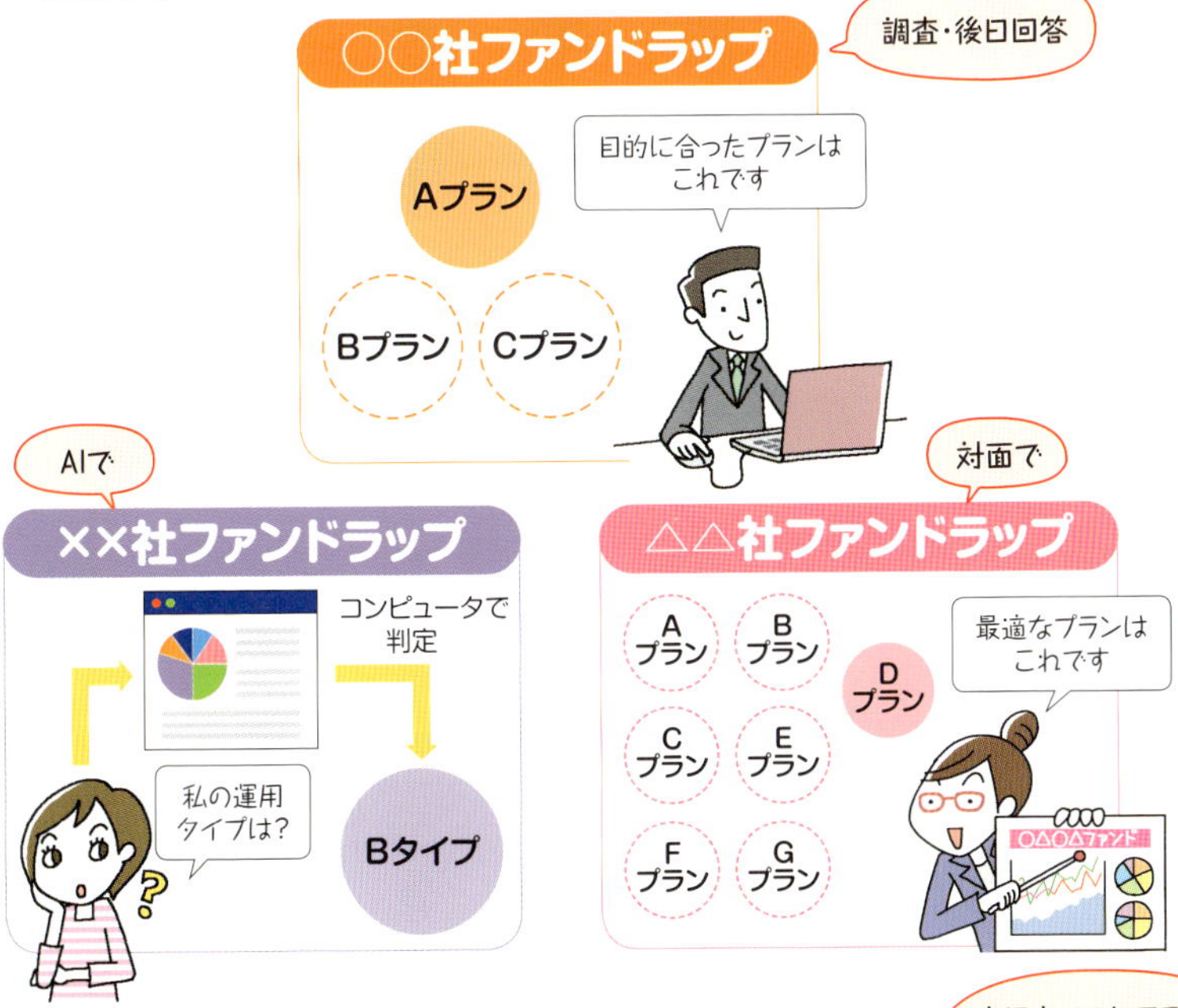
○○社ファンドラップ
調査・後日回答
Aプラン
目的に合ったプランはこれです
Bプラン
Cプラン
AIで
××社ファンドラップ
コンピュータで判定
私の運用タイプは？
Bタイプ
対面で
△△社ファンドラップ
A プラン
B プラン
C プラン
E プラン
F プラン
G プラン
D プラン
最適なプランはこれです

●状況・目的にあわせた商品選び・会社選びが必要

お目当てのところに、まずはアクセス

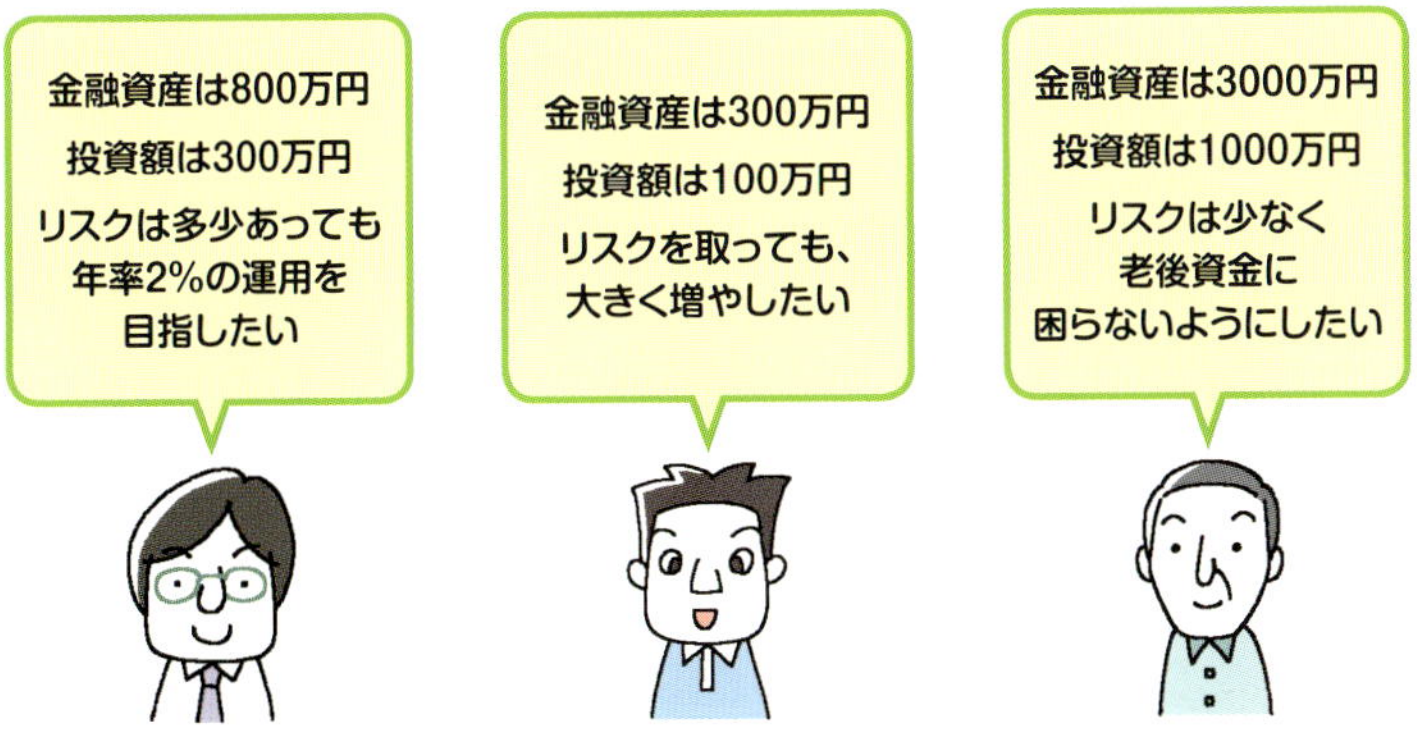
金融資産は800万円
投資額は300万円
リスクは多少あっても年率2%の運用を目指したい
金融資産は300万円
投資額は100万円
リスクを取っても、大きく増やしたい
金融資産は3000万円
投資額は1000万円
リスクは少なく老後資金に困らないようにしたい

※主なファンドラップの種類と特徴は次ページを参照

ラップ口座の注意点

少額の口座が増えている

ラップ口座には、ＳＭＡとファンドラップがありますが、ここではファンドラップについて解説します。

近年、ファンドラップは急速に口座残高を伸ばし、２０１６年９月時点で52万８０４６件、６兆１１９７億円の規模になっています。

人気の理由は、10万円から口座開設ができる（投資できる）という手軽さで、初心者の受け皿の一つになっているようです。

かかるコストと最低投資額に注意

ファンドラップを考える際のポイントは、やはりコストです。

ラップ口座の場合、販売手数料はかかりませんが**口座手数料（資産残高の１～２％程度）が毎年かかります**。また、金融機関によって投資できる最低の金額も異なります。

始めてからは「丸投げ」

ラップ口座では、金融機関の担当者とのヒアリング、もしくはインターネット等による質問シートに回答して、自分の要望に合った運用スタイルや方針を決め、ポートフォリオを組んでからスタートします。

あとは定期的（年に１回～４回）に、**自動で資産配分の見直しなどが行われます**。

運用方針を判断してからは、金融機関が自動的に運用を行う「丸投げ」の口座になります。

用語解説 SMA（セパレートリー・マネージメント・アカウント）

個々の投資家の運用ニーズを反映して、投資家から委託された資金を、証券会社など金融機関が運用する口座。運用手法・商品・管理などに関して、きめ細かい運用管理サービスを行う。

おもな金融機関のラップ口座

取扱金融機関	商品名	最低投資金額	おもな特徴
大和証券	ダイワファンドラップ	300万円	●100種類以上の運用スタイルから選ぶ ●大和ネクスト銀行で口座開設した場合、セットプランで定期預金の金利を上乗せ
野村證券	野村ファンドラップ	500万円／1000万円	インデックスファンドを組み合わせた500万円からの「バリュープログラム」と、アクティブファンドを組み合わせた1000万円からの「プレミアプログラム」がある
三井住友信託銀行	三井住友信託ファンドラップ	500万円	●5コース15種類の中から選択できる ●ラップ口座と同時にがん／介護／傷害保険を付帯できる「人生安心パッケージ」がある
三菱UFJ信託銀行	三菱UFJ信託ファンドラップ	500万円	●運用は2コース11スタイルから選ぶ ●120％以上のプロフィットロックポイント、90％以下のロスカットポイントを、1％単位で設定できる
楽天証券	楽ラップ	10万円	ロボアドバイザーで診断し、マーサージャパン（株）の運用助言でコースを選定する
マネックス証券	マネラップ	1万円	●ロボアドバイザーで診断し、3つの基本タイプの中から選ぶ ●投資対象をETF（92ページ）に絞っている ●マネックス・セゾン・バンガード投資顧問が運用する

2017年9月現在

申し込むときの注意点

①コスト面をチェックする！
（固定報酬制・成果報酬制などのファンドラップフィー）

②お任せとはいえ投資なので、リスクをきちんと認識する！

③必ず、定期的に資産内容をチェックする！

28

少し変わった投資信託――その2

株と同じように売買できる「ETF《イーティーエフ》」

市場で自ら取引できる

ETFは「上場投資信託」とも呼ばれます。株式と同様に証券会社を通じて売買できます。おもに株価指数や債券、REIT、通貨、金などの指数に連動して動くようになっています。

投資先も日本だけでなく、海外の投資しにくい国や地域、資産まで、幅広くあります。

通常の投資信託は、1日1回算出される基準価額がもとになるので、1日1回しか取引できません。

一方で**ETFは、金融商品取引所の取引時間内であれば、投資家の判断をもとに、相場の動きを見ながら売買できます。**

比較的コストが安い

ETFのメリットは、リアルタイムで売買できることです。投資信託は、基準価額が取引終了後に計算されるため、取引価格がわからないまま売買することになります。反対に、ETFは市場で常時売買されているので、取引価格を見ながら取引できます。

また、**保有期間中にかかる信託報酬が低いのも大きなメリットです。**投資信託では信託報酬がおおむね年率0・5~2・5％強なのに対し、ETFは0・1~1％程度です。

ただし、ETFは10万円前後で運用しないと効果も少ないので、少額投資には向きません。

用語解説 金融派生商品

デリバティブとも呼ばれる。株式・債券・金利・通貨・金・原油といった価格を基準に、価値が決まる金融商品。取引形態として先物取引、オプション取引、スワップ取引などがある。

通常の投資信託とは違う

ETFとは、証券取引所に上場している「投資信託」のことです

※ETF（Exchange Traded Fund）
〈 上場 〉〈 投資信託 〉

●取引時間中いつでも売買できる

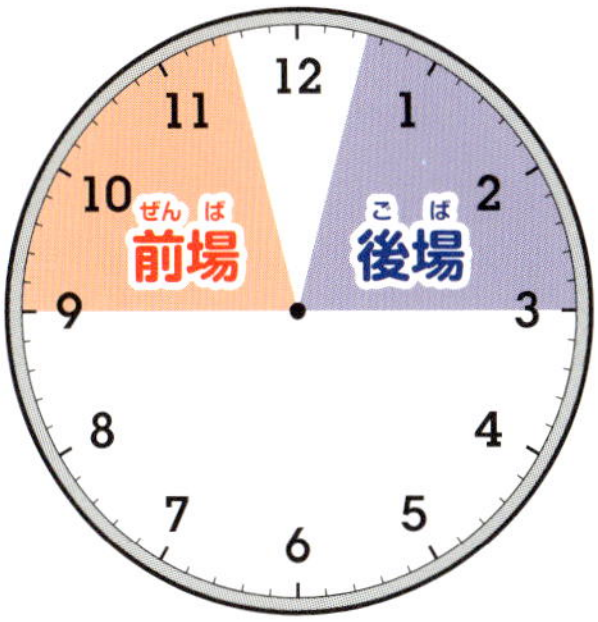

＜ ETFの取引時間 ＞

前場　9時～11時30分

後場　12時30分～15時

※東京証券取引所の場合
※取引は平日のみ
※15時以降の注文は、翌営業日の9時時点での価格をもとに取引される

通常の投資信託は、1日1回決まる基準価額で取引される

一方でETFの価格は、取引時間中、変動している

●指数に連動して動く

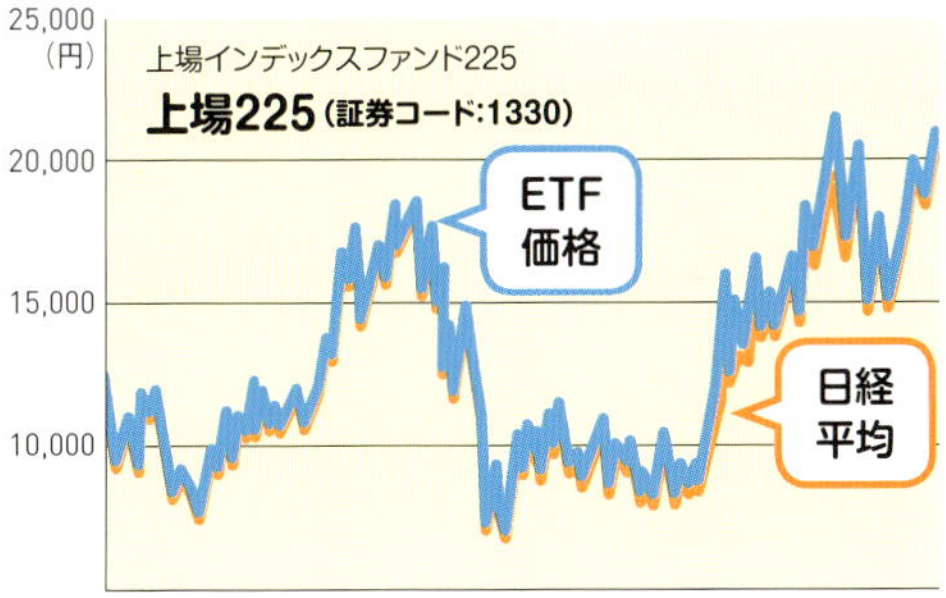

ETFは連動する指数に沿った動きをするよ ちなみに、左のETFは、日経225（日経平均）の動きに沿っているんだ

ＥＴＦの始め方

証券会社に口座を設ける必要がある

ＥＴＦを購入するには、証券会社に口座を設ける必要があります。株式投資と同じような形で売買を行うので、まずは証券会社選びが大切です。

証券会社を選ぶポイントは、手数料の額と初心者向けのサービスが充実しているか否かとなります。となると、ＳＢＩ証券や楽天証券など、大手ネット系証券会社がおすすめです。

価格と口数と注文方法を入力する

ＥＴＦは、２０１７年４月現在で２０７本あります。国内株式指数連動型（日経２２５、ＴＯＰＩＸなど）やＲＥＩＴ指数連動型など多種多様です。

ＥＴＦは、**株式と同じように証券口座を通して、取引市場に直接、売買注文を出します。**

注文のしかたも株式とだいたい同じです。価格はつねに動いているので、注文を出す際にはその時点での価格を確認し、さらに売買単位（10口単位、１口単位など）も確かめてください。

注文時には購入口数と注文方法（成行《なりゆき》注文か指値《さしね》注文か）を入力します。さらに指値注文の場合は、「いつまでに、いくら以下の価格になったら買うのか」ということまで入力する必要があります。

またこのときに、「売買高」があるかどうかも確認しておいたほうがいいでしょう。

アドバイス **成行・指値注文のメリット・デメリット**

POINT

「成行注文」は必ず注文したときに約定（買付け・売却）できるが、価格が大きく変動していたら思わぬ値段で成立する場合もある。「指値注文」は、指定した値段で約定できるが、いつまでたっても売買が成立しない恐れがある。

始めるまでにチェックしておくこと

ETFを選ぼう！

日本取引所の
ホームページにアクセスして
ETFの銘柄をチェック！

株式・ETF・REIT等をクリック
↓
商品一覧からETFをクリック
↓
銘柄一覧をクリック

見たい銘柄をチェック！
パンフレットをクリック

まず
銘柄を
チェック

チェックポイント

☑連動するインデックス
連動する指数

☑純資産総額
資産規模の大きさ

☑信託報酬
運用・管理のための
保有コスト

対象指数	TOPIX	
信託報酬	0.11％	
純資産総額	32,502億円	
市場価格	1,429円	
売買単位	10口単位	
1売買単価あたりの投資金額		14,290円

☑最低購入金額
一口いくらで何口単位で買えるか？
（市場価格×売買単位）

市場価格はつねに変動しているので
「Yahoo!ファイナンス」などで
確認しよう

ETFの買い方

●ETFを買う
証券会社に口座を開いて
購入したい銘柄と口数を注文

市場価格 × 売買単位 ＝ **最低購入金額**
＋
手数料（売買委託手数料）

◎成行注文＝いくらでもいいから買いたいときに使う
◎指値注文＝値段を指定して買いたいときに使う（今よりも安い値段を設定することになる）

ETFはいくらから買える？

ETFの投資単位の分布　（2016年10月現在）

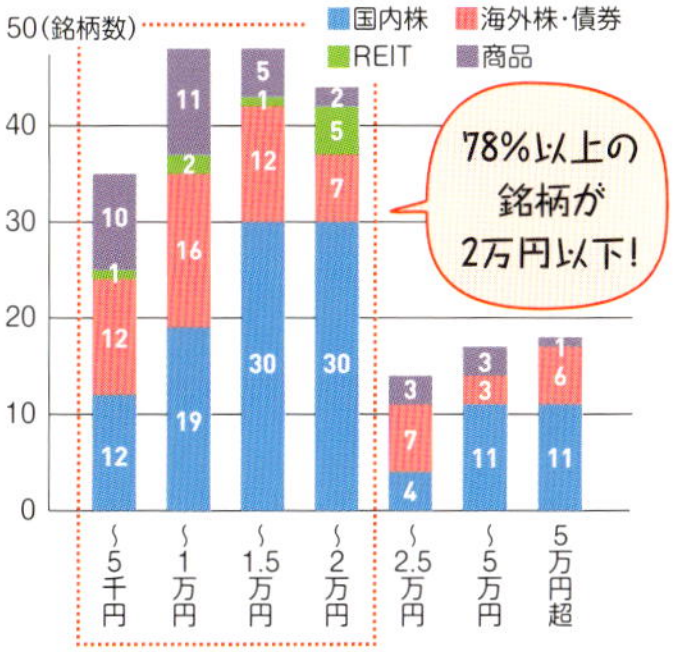

結構手軽に
始められる
のね!!

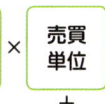

種類がある

●左ページにある各ETFの特徴

①東証1部銘柄225種の平均株価　※66ページ参照
②東証1部全銘柄の時価総額加重平均　※66ページ参照
③アメリカの代表的な株価指数
④先進国株式の代表的な株価指数
⑤中国企業の代表的な株価指数
⑥新興国株式の代表的な株価指数
⑦海外の債券に分散投資ができる
⑧不動産投資信託の指数に連動する
⑨金や原油、農産物などの価格や指数に連動する

●東証ETFの銘柄（一部）

対象指標	証券コード	ETF名称	運用会社
①	1321	日経225連動型上場投資信託	野村アセットマネジメント
②	1308	上場インデックスファンドTOPIX	日興アセットマネジメント
②'	1551	JASDAQ−TOP20上場投信	シンプレクス・アセット・マネジメント
③	1679	Simple−X　NYダウ・ジョーンズ・インデックス上場投信	シンプレクス・アセット・マネジメント
④	1394	UBS　ETF　先進国株	UBSファンド・マネジメント（ルクセンブルク）エス・エイ
⑤	1548	上場インデックスファンド中国H株	日興アセットマネジメント
⑥	1582	iシェアーズエマージング株ETF	ブラックロック・ファンド・アドバイザーズ
⑦	1677	上場インデックスファンド海外債券	日興アセットマネジメント
⑧	1597	MAXIS　Jリート上場投信	三菱UFJ国際投信
⑨	1671	WTI原油価格連動型上場投信	シンプレクス・アセット・マネジメント

※証券コード：証券取引所に上場している銘柄ごとにつけられた番号や記号。

ETFにはこんな

207銘柄
(2017年4月現在)

東京証券取引所に上場しているETFは全207銘柄。種類も豊富

投資する金額に見合ったものを選びましょう

日本の株式を扱うETF

①日経平均株価
②TOPIX

海外の株式を扱うETF

③NYダウ平均株価
④MSCIコクサイ
⑤ハンセン中国企業株指数
⑥MSCIエマージング

株式以外を扱うETF

⑦海外債券ETF
⑧不動産(REIT)ETF
⑨商品(コモデティ)ETF

29

少し変わった投資信託――その3

ETFと似ている「ETN《イーティーエヌ》」

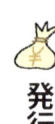

発行体の信用リスクに注意

ETFと同じように株式市場で売買できるものに「ETN」があります。

ETNは「上場投資証券」「指標連動証券」を指し、投資信託ではありません。

しかし、ETF（上場投資信託）と同様、株価指数などに連動する金融商品です。

金融機関などの発行体が信用力をもとに発行する債券なので、発行体の倒産や財務状況の悪化などによってETNの価格が下落し、無価値になる場合もあります。

よって、発行体の信用リスク（63ページ参照）については、十分に留意する必要があります。

ちなみに、ETFは現物株式などの資産を保有するため、組成会社に万が一のことがあっても、投資家の資産は分別管理の対象となっているため、保全されます。

発行体が指標との連動性を保証する

ETNは、発行体となる金融機関が、**対象とする指標とETNの価格が同じ動きをするよう保証しています**。

ETFで問題となる「トラッキングエラー」（ETFの価格と投資対象とする現物の指数・指標に乖離が生じてしまうこと。たとえば金の価格が1500円なのに、ETFの価格が1460円や1530円になること）は発生しません。

アドバイス

POINT

ETNのメリット・デメリット

ETNは、日本から個人レベルで投資しにくい商品や、国内の既存の投資商品にはない先物指数などへ投資できる。反面、発行会社の信用が低下したり、破綻したりしたら、ETNの価値が大きく損なわれるか、無価値になる。

ETNならではの特徴とは？

ETNとは、証券取引所に上場している
「指標連動証券」のことです
※ETN (Exchange Traded Note)
〈 上場 〉 〈 債券 〉

●ETFとETNの違いは？

	ETF	ETN
裏付け資産	あり	なし
ベンチマーク	特定の指標に連動するように、株式などを組み入れた投資信託	特定の指数に連動するように運用する債券
売　買	証券取引所で、取引時間中	証券取引所で、取引時間中
信用リスク	なし ※運用会社が破綻しても大丈夫	あり ※発行体が破綻したら元金が戻ってこない

ほかにもETNなら、通常取引しにくい
新興国の株式や、実際に保有しにくい
穀物などに投資できるのも魅力！

●ETNのおもな種類

銘柄（銘柄コード）	対象指数
NEXT NOTES 香港ハンセン・ベア ETN (2032)	ハンセン指数・ショートインデックス
NEXT NOTES 日経・TOCOM 金 ダブル・ブル ETN (2036)	日経・東商取金レバレッジ指数
NEXT NOTES 東証マザーズ ETN (2042)	東証マザーズ指数

・2017年5月時点で、24銘柄が上場されている
・ETFと同じように証券口座で売買できるよ！

名前でわかる投資信託の特徴

商品名でその内容が推測できる

投資信託にはそれぞれ名称がついています。なかには正式名称だけではなく、愛称がついているものもたくさんあります。

正式名称には投資対象・運用方法などが含まれており、これを見ればある程度、そのファンドの特徴を推測できます。

たとえば『日経２２５インデックス・オープン』。これだけで日経２２５をベンチマークに運用するインデックス型の投資信託だと見当がつきます。「オープン」は、追加型投資信託の意味です。

また『ラサール・グローバルＲＥＩＴファンド』というファンドは、ラサール〜という運用会社が運用し、グローバル（世界各国）のＲＥＩＴ（不動産投信）に投資するファンドであることが推測できます。

投資信託の愛称とは？

投資信託には、愛称がついているものもあります。たとえば『三菱ＵＦＪ日本株アクティブオープン』の愛称は「ファーブル先生」です。

これはボトムアップ・アプローチ（68ページ参照）で、しっかり投資企業の株を選定する、ということから名づけられたようですが、一般受けを狙ったものだと思われます。

愛称がかわいい、おもしろいなどの理由でファンドを選ぶのはやめましょう。

用語解説 ファンドの名前

ファンドの名前や愛称には「これ何のこと？」というようなものも。たとえば、メダリスト（ニッセイ・ワールドスポーツ・ファンド）は、スポーツ関連企業に投資するファンド。愛称や名前を見るのもおもしろい。

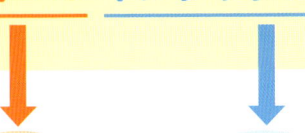

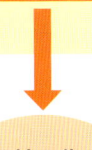

ファンドの名前から内容を推測できる

名称

日経225 インデックス・ オープン

- 日経225 → 日経225がベンチマーク（投資対象）
- インデックス・ → インデックス型（運用形態）
- オープン → 追加型投信

名称

ラサール・ グローバル REIT ファンド

- ラサール・ → ラサール・インベストメント・マネージメント・セキュリティーズ・エルエルシーが運用（運用会社）
- グローバル → 世界（グローバル）（投資対象地域）
- REIT → 不動産投信 REIT（投資対象）

投資対象に海外のものが含まれる場合、グローバルと表すことも多い

Column

お金は好きだが投資は嫌いな日本人

一攫《かく》千金を狙う日本人

「投資は怖い」「投資までして儲けたくない」など、よく耳にします。その一方で、日本では毎回「ジャンボ宝くじ」などに行列ができ、ロトやBIGなどで7億、10億の当選金を目指せとCMが流れています。

またスロットやパチンコなどは全国各地にあります。実際、日本ほど金儲けや博打に寛容な国はないのではないでしょうか。

しかし、株式投資や投資信託などに関しては、運用なのに「怖い」「わからない」などネガティブなイメージを持っている人が多く、投資未経験者もたくさんいます。

「投資」と「博打」は違う

宝くじは「夢を買う」とよくいいますが、結局は当たるか外れるかの運任せです。一方**投資信託などの運用は、投資対象や銘柄、投資方針などをしっかり調べて資産を投じます。**

にもかかわらず、「だまされる」「損したくない」というのは、いかにも投資の本質を理解していないのではないでしょうか？

投資・資産運用はけっして、運任せ、他人任せのものではありません。自分で信頼できるパートナーやアドバイザーを選んで、運用の内容や商品の中身をしっかり理解するからこそ成り立つのです。

PART
4

初心者におすすめ!

選ぶポイントと売買のコツ

30

選ぶポイント——その1

「インデックス型」が初心者向き

重要度 ★★★★★

インデックス型は動きがわかりやすい

初めて投資信託を購入する方におすすめする最初の条件は、インデックス型の投資信託です。

これは日経平均株価（日経225）やTOPIXなど、**市場の平均（指数）の動きに連動した運用を目指すので、わかりやすく初心者向きといえます。**

テレビや新聞、インターネットなどでこれらの指数が随時確認できるというのも、インデックス型のメリットです。

アクティブ型では思わぬ損失が出る⁈

インデックス型はアクティブ型のファンドと違い、あくまでも市場平均に連動する運用が基本です。人工知能（AI）などで自動的に銘柄を判別し、運用しています。

たとえば『日経225インデックス・ファンド』では、日経225に組み込まれている銘柄に分散投資して運用します。

一方でアクティブ型は、ファンドマネージャーの運用方針をもとにして収益性を高める運用を行います。

運用方針に沿って主体的に銘柄の選択や入れ替えを行うので、**アクティブ型は運用コストが高くなります。**

また、**運用方針と実際の株価などの動きにズレが生じた場合には、思わぬ損失が発生してしまいます。**

用語解説 人工知能（AI）の活用

AIは、家電やスマートフォン、自動車など多くの分野で活用されているが、金融の世界も例外ではない。近年ではさまざまな人工知能を駆使・活用して、運用を繰り広げる「ロボット戦争」の様相を見せている。

アクティブ型の不安要素

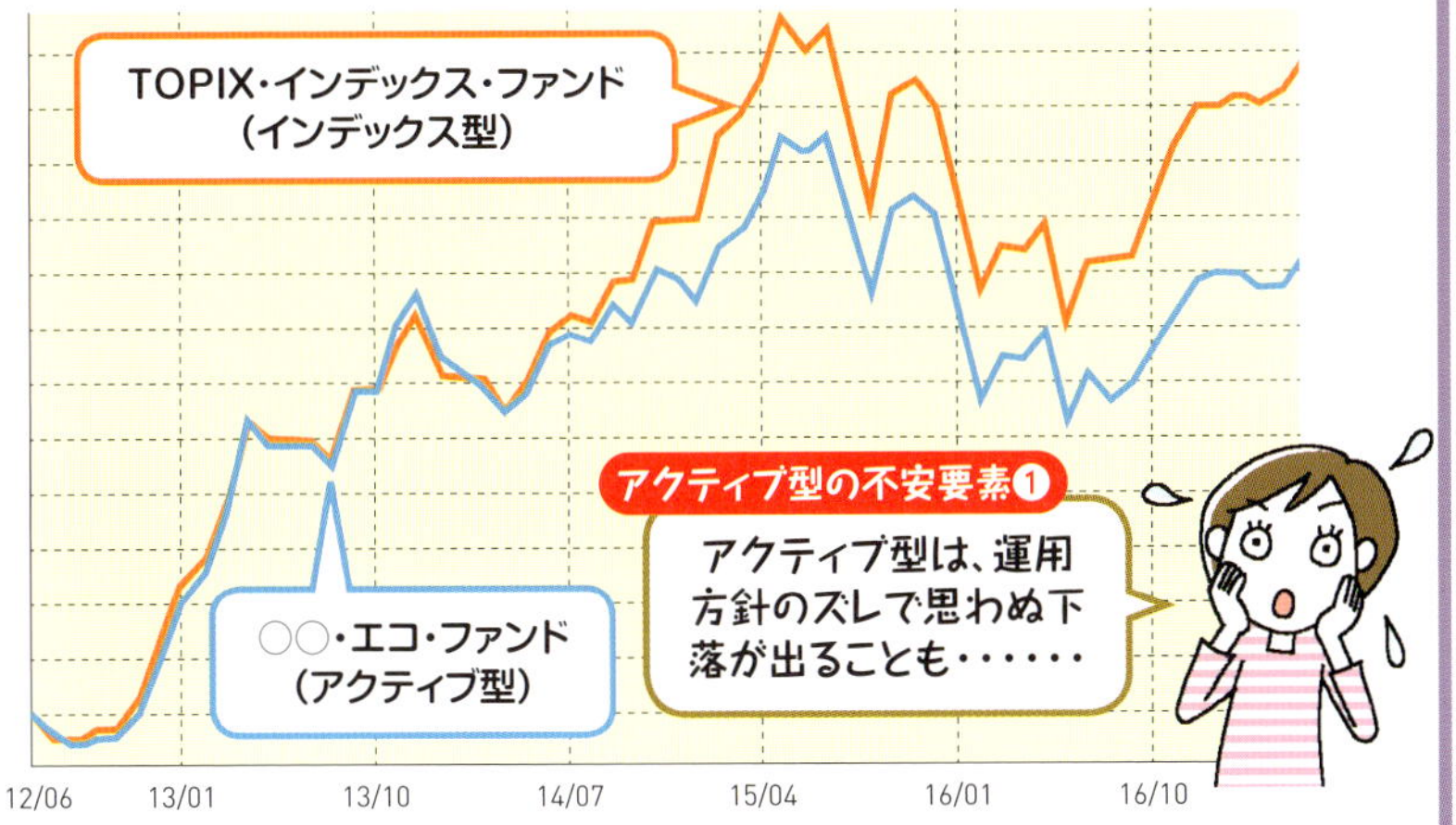

アクティブ型の不安要素❷

アクティブ型は、インデックス型に比べてコスト高……

	TOPIX・インデックス・ファンド	○○・エコ・ファンド
販売手数料	2.16%（税込）	3.24%（税込）
信託報酬	0.6696%（税込）	1.6416%（税込）

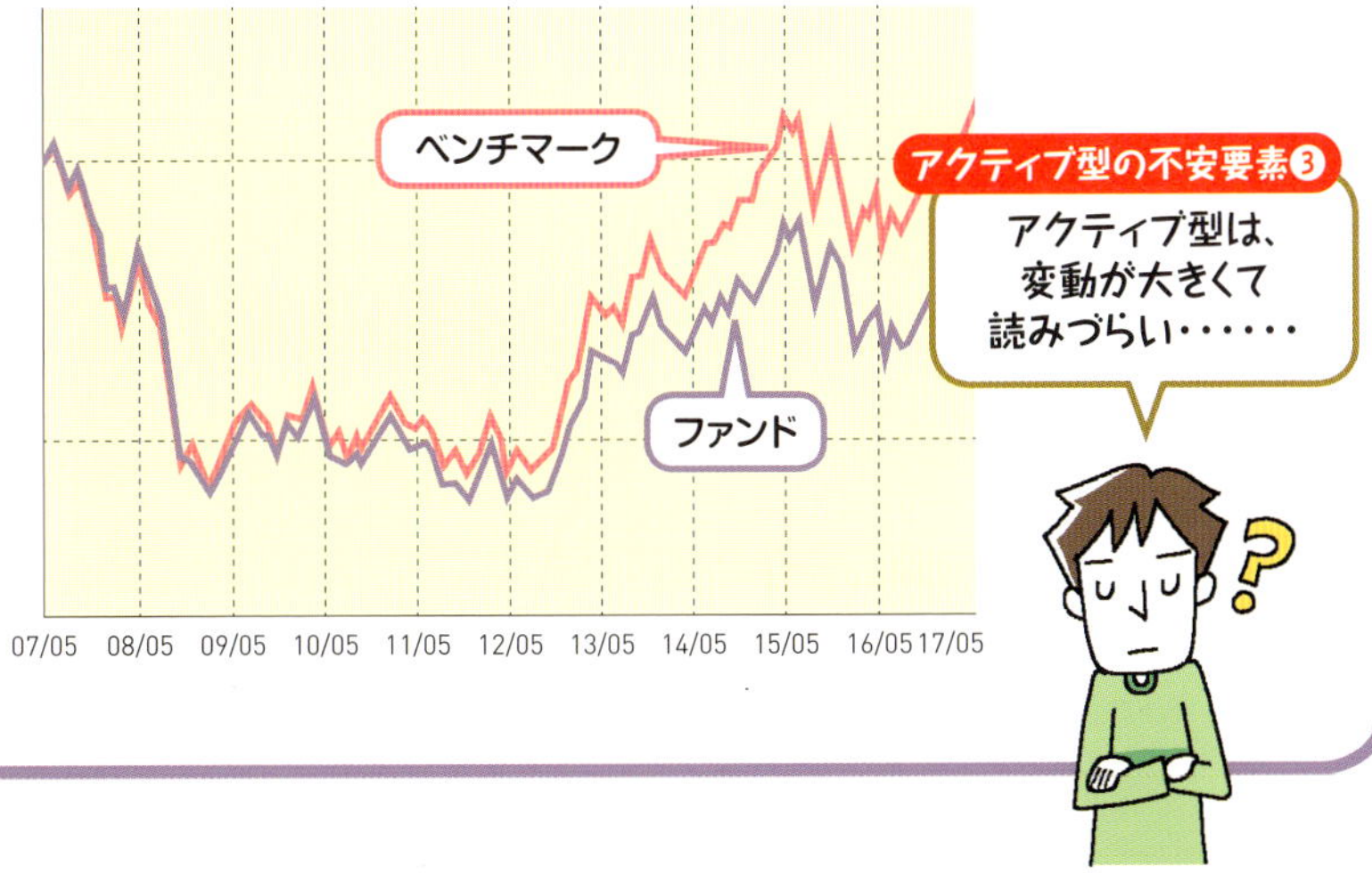

31

選ぶポイント——その2

「アクティブ型」は要注意

重要度 ★★★★☆

アクティブ型は売却益狙い

アクティブ型ファンドは売却益を狙って投資するのが基本です。よって短・中期（1年〜3年）の運用を考えることになります。

アクティブ型ファンド選びの基本は、どのような金融商品をどのような運用方針で行うのかといった、**ファンドマネージャーの基本スタンスを理解し、共感できるものを選ぶことです。**

コスト面ではとくに、信託報酬を確認してください。

もちろん、少ないに越したことはありませんが、たとえば「為替ヘッジあり（118ページ参照）」の国際型ファンドなら、為替リスクを抑えるぶんだけコストがかかるといったことまで理解しておかなくてはなりません。

純資産総額のチェックも忘れずに

信託期間も重要です。多くのアクティブ型ファンドは販売時に信託期間が設定されているものが多いのです。購入時には信託期間だけでなく、繰上償還（138ページ参照）の条件まで確認しておくことが大切です。

最後に、投資信託選びの基本である純資産総額と、今までの運用成績をチェックします。

少なくとも信託報酬の率より運用実績の高いファンドを選ばないと、利益になりません。

さらに**今の運用状況が当初の運用方針と違っていないかまで確認しましょう。**

用語解説 運用手法の種類

「ショートスクイズ」は、市場が売り持ち（ショート）に傾いているときに、大きく買いをいれる手法。「クオンツ運用」は、市場や経済情勢などを数理分析した数理モデル（プログラム）によって運用する方法（システム運用ともいう）。

•アクティブ型で押さえておきたいポイント•

運用方針を確認する　重要度 ★★★★★

- テーマ型の場合、投資の対象（国や地域）などが重要
  新興国株式や新規企業債券などの割合が高ければ、それだけリスクは高くなる
- 運用手法をチェックする
  「ショートスクイズ」「クオンツ運用」「グロース投資」「カウンタートレード」「バリューアプローチ」など、投資手法をチェック

信託報酬を確認する　重要度 ★★★★★

- アクティブ型は、信託報酬が高めに設定されている
  たとえば信託報酬が1.5%のファンドでは、運用実績が3%でもその半分（1.5%）はコストで消える。よって、信託報酬は1.45%以下に抑えるのが得策
- とくに、海外株式型や海外資産複合型のファンドは、信託報酬が高い

信託期間を確認する　重要度 ★★★★

- 「分配型」には信託期間10年などが多い
- 信託期間が5年の投資信託も多い
  信託期間の短いファンドは、運用が悪くても、その（運用）リスクを最小限に抑えられるとの考えがある

運用成績を確認する　重要度 ★★★★★

- 過去のリターンがベンチマークを上回っているものを選ぶのが基本
- 運用成績については方針に沿った銘柄を買っているかなどをチェック

32

選ぶポイント——その3

「純資産総額」が減っていないものがよい

重要度 ★★★★★

減少し続けているファンドはダメ

純資産総額は、ファンドマネージャーによる運用差損益や分配金などによって変わります。そのほか、投資家がファンドを購入したり解約したりすることでも増減します。

当然、運用状況がよく、投資家の人気が高いファンドの純資産総額は増えていきます。**まさに純資産総額は投資信託の価値を表しているのです**。

よって、投資信託を選ぶ際に純資産総額は要チェックです。規模が大きい（純資産総額が大きい）ファンドを選ぶのが前提ですが、たとえ純資産総額が大きくても、その額が何か月間にもわたって減少しているファンドは要注意です。

基準価額はあまりあてにならない

基準価額は、純資産総額をファンドの総口数で割ったものです。したがって、**純資産総額が減少するとともに総口数も減っていけば、基準価額は上昇するということも十分ありえます**。

この場合、基準価額が上がり、口数が減っている状況なので、純資産総額は減ります。最終的に投資信託自体の運用が困難になる状況も考えられるので、要注意です。

したがって投資信託を選ぶには、基準価額の上昇・下落よりも、純資産総額の増減を見るほうがよいのです。

アドバイス　**純資産総額が30億円でも……**

POINT

純資産総額が30億円でも徐々に増加してきたファンドと、50億円の純資産総額でも100億円から減少してきたファンドでは、30億円のファンドのほうが期待できるということを知っておこう。

純資産総額の目安は30億円

●30億円以上のファンドがよい

●純資産総額と基準価額の関係

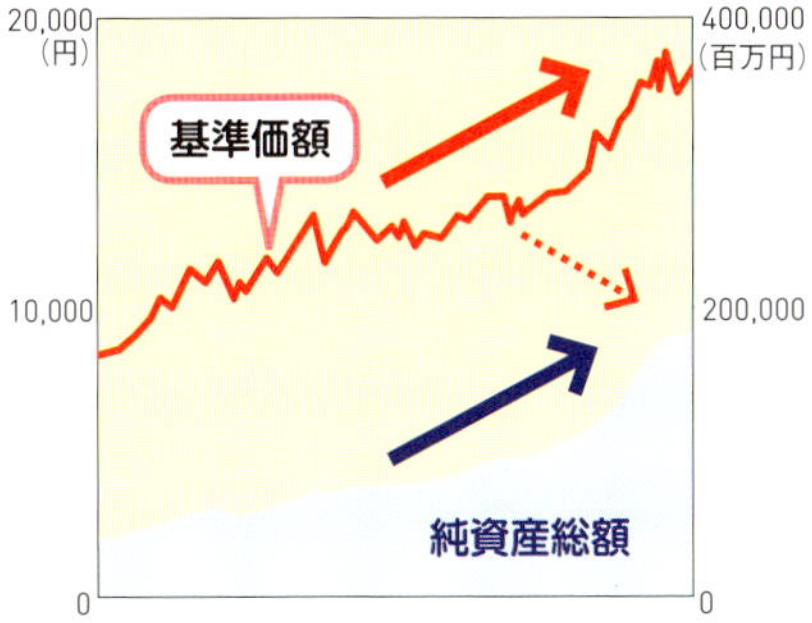

純資産総額が増えている場合

基準価額が上昇◎
投資が順調に増え、運用も順調

基準価額が下落×
投資は増加しているが、運用が低調

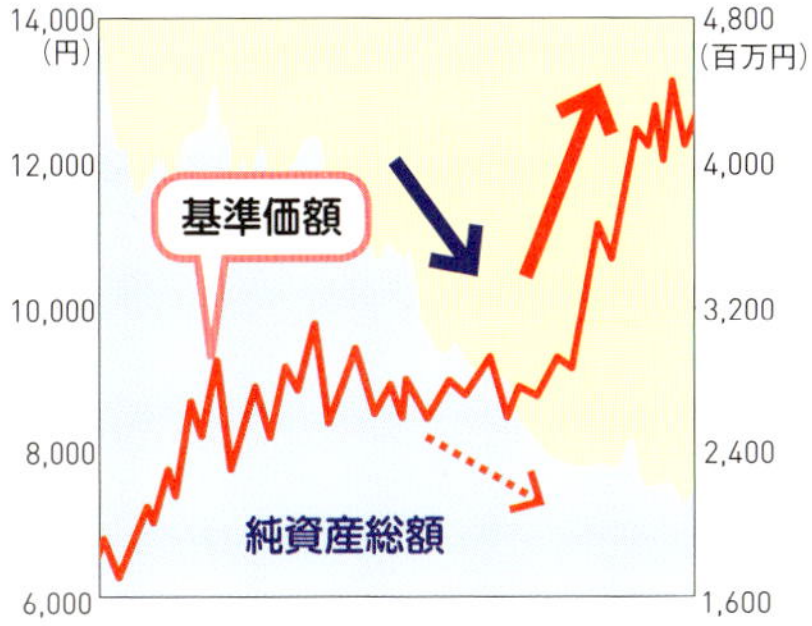

純資産総額が減っている場合

基準価額が上昇×
償還間近によくあるパターン。運用は順調だが、償還日が近いため、解約のみで新規の投資がない

基準価額が下落×
解約が多く、運用も低調。繰上償還される可能性があり

33

選ぶポイント――その4

「分配金」の回数が少ないものがよい

重要度 ★★★★☆

分配回数が少ないほどよい

投資信託でいう分配金は、預貯金につく利息とは異なります。したがって、利息と同じ感覚でとらえて**「分配の回数が多いほうがトク」と考えるのは間違っています**。

分配の回数が少ないファンドは、分配で出すお金を運用に回していることになります。よって複利効果が期待でき、**無分配もしくは年1回など分配回数が少ないほど投資効率がよい**といえるのです。

また、分配金はファンド自体の純資産を取り崩して支払われることもあり、純資産総額の減少と基準価額の下落につながります。

とくに毎月分配型の場合、運用状況の良し悪しにかかわらず分配金が支払われます。毎月、普通分配ではなく**「特別分配」も受け取っている場合には、自身の資産を削っているという事実を理解しなければいけません**。

分配金と運用成績は一致しない

「分配金＝運用益」という考え方でファンドを選ぶと、必ず失敗します。**毎月分配をするファンドがつねに運用成績がよく、すべて収益から（普通分配で）受け取っているということはまずありません**。さらに、普通分配を受け取るには20・315％の税金が課せられますし、特別分配では自分の資産を減少させます。

分配せずに運用していれば課税されず、資産を取り崩すこともないのです。

アドバイス　**分配型でも分配しないものもある**

POINT

たとえば「年２回分配型」というファンドであるにもかかわらず、１度も分配していないものもある。これは、必ず分配するのではなく、運用実績が上がったら普通分配を行い、運用実績がともなわない場合は分配しない方針である。

分配金はあまりあてにできない……

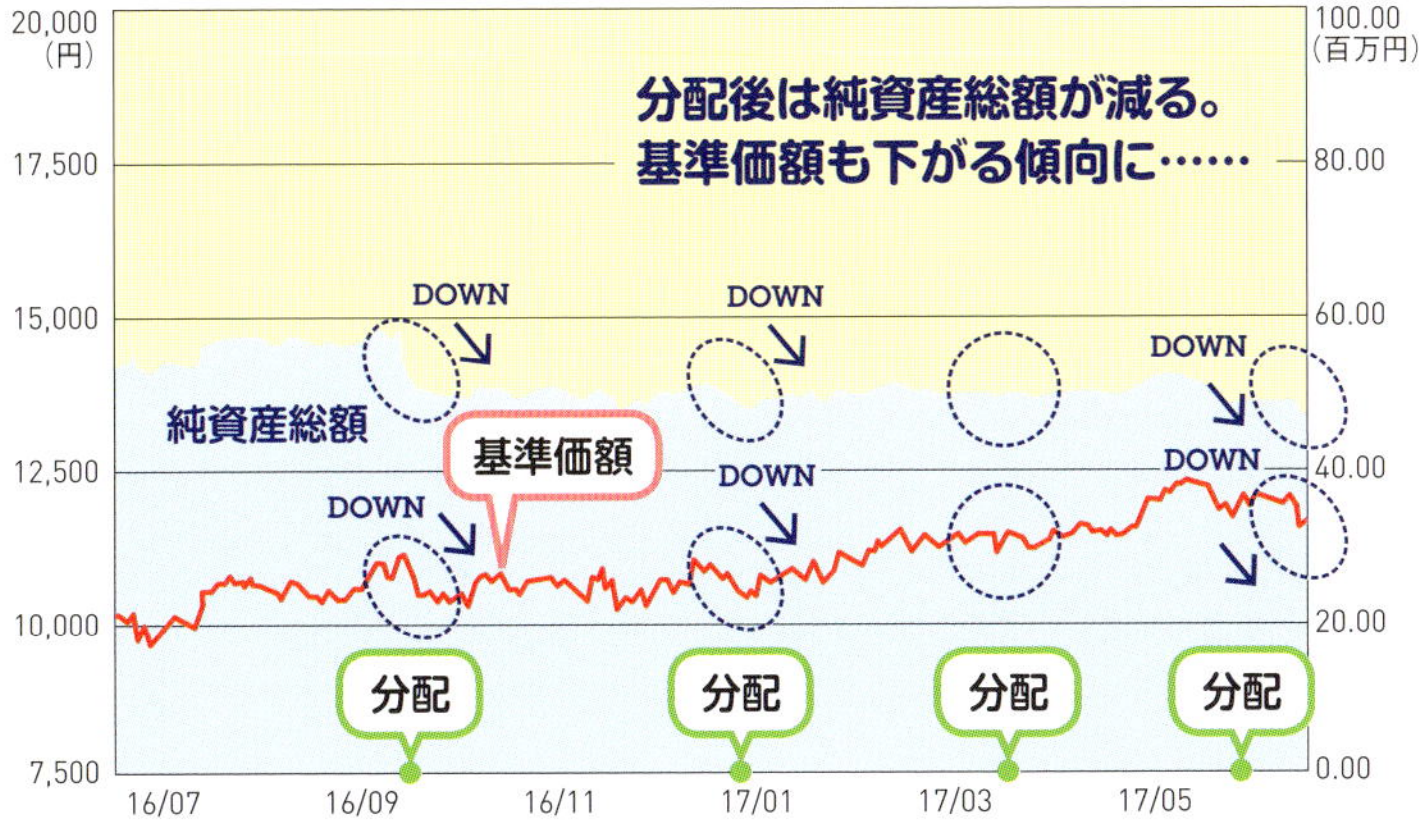

特別分配は資産の取り崩し

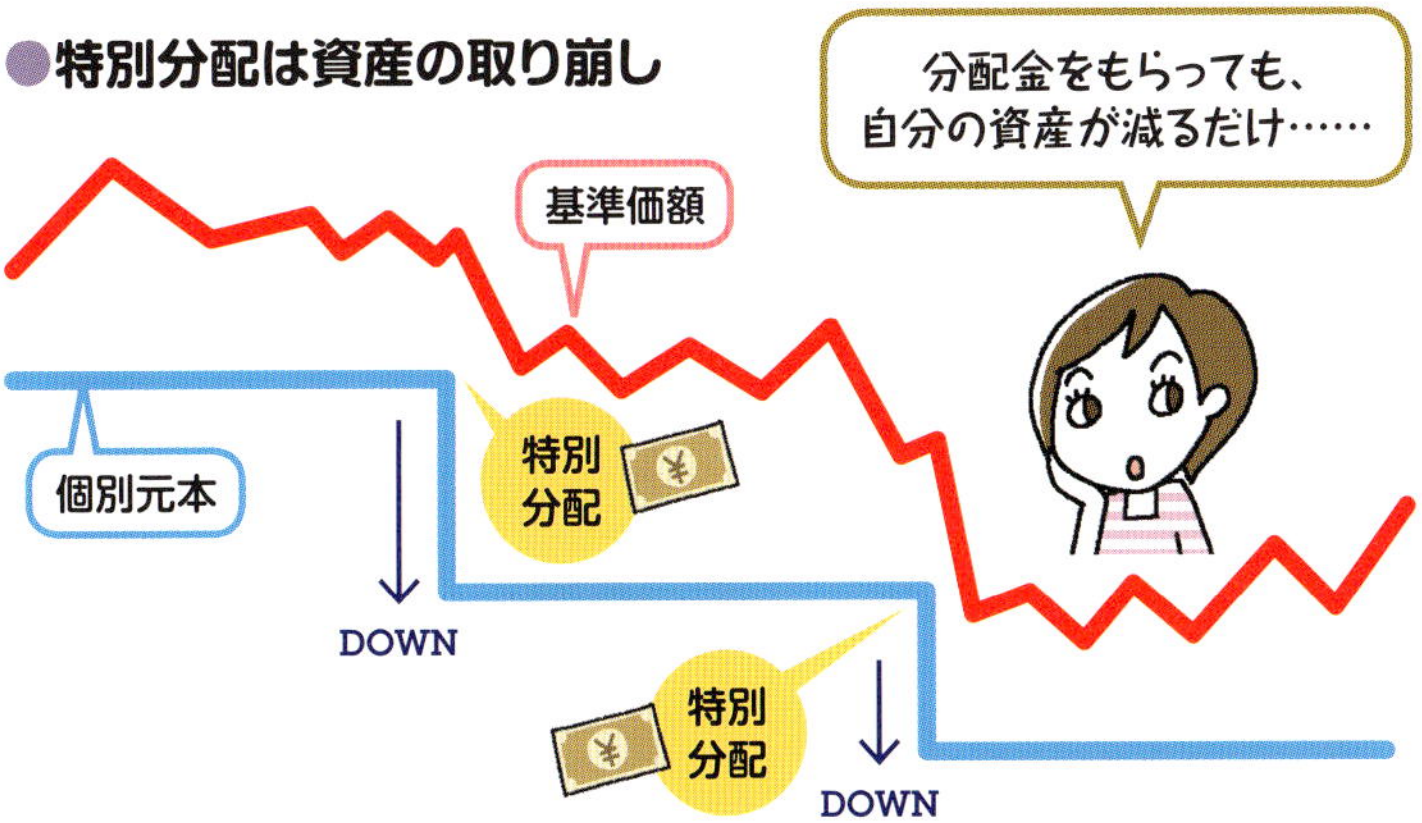

普通分配には税金がかかる

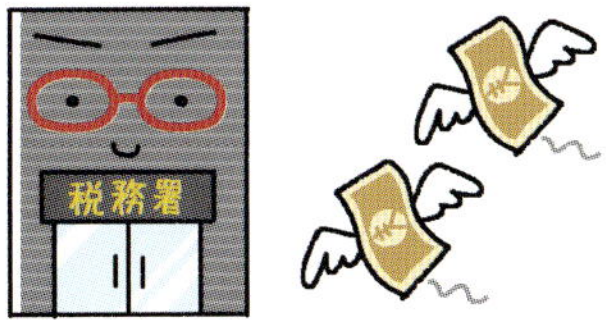

**普通分配金には、
20.315％の税金がかかる**

※普通分配・特別分配については30～31ページ参照

34

選ぶポイント――その5

分配金の下がったファンドは要注意

重要度 ★★★★★

分配金の原資は売買益と利子配当

分配金が突然、当初の金額から引き下げられること（減配）が、高分配のファンドでよくあります。

これは単純にいえば、**ファンドが実力以上の分配を続けてきた結果、分配金を見直さなければならなくなったということです**。

投資信託はおもに「売買益」と「利子配当等収入（債券の利子や株式の配当など）」を投資収益として運用しています。

ただし、売買益は売買損の場合もあるので、必ずしも分配金の原資になるとは限りません。むしろ、安定的な分配金の原資として見込めるのは、利子配当等収入となります。

分配金の高すぎるファンドに注意

分配金のうち、投資収益でまかなえない部分は、過去の収益等の蓄積（分配準備金・収益調整金）などから支払います。ただし、ここから分配金を支払うとそのぶん、基準価額の下落につながっていきます。

また過去の蓄積が十分にあっても、基準価額が大きく下落しているファンドでは、基準価額の回復を図るために分配金を引き下げなくてはならない状況に陥るのです。

「分配金が高い投資信託＝好運用のファンド」とは限らないので、注意が必要です。さらに高分配を続けていたファンドが突然、分配金を下げた際には要注意です。

アドバイス　**好配当＝好運用ではない**

POINT

「好配当」と名のつくファンドが多く設定されているが、好配当なら運用実績がいい、とは限らない。しいていえば「自分の身を削ってでも（純資産を食い潰してでも）配当を出すのが好きなファンド」と解釈すればいいかも。

•分配金を引き下げて調整することも•

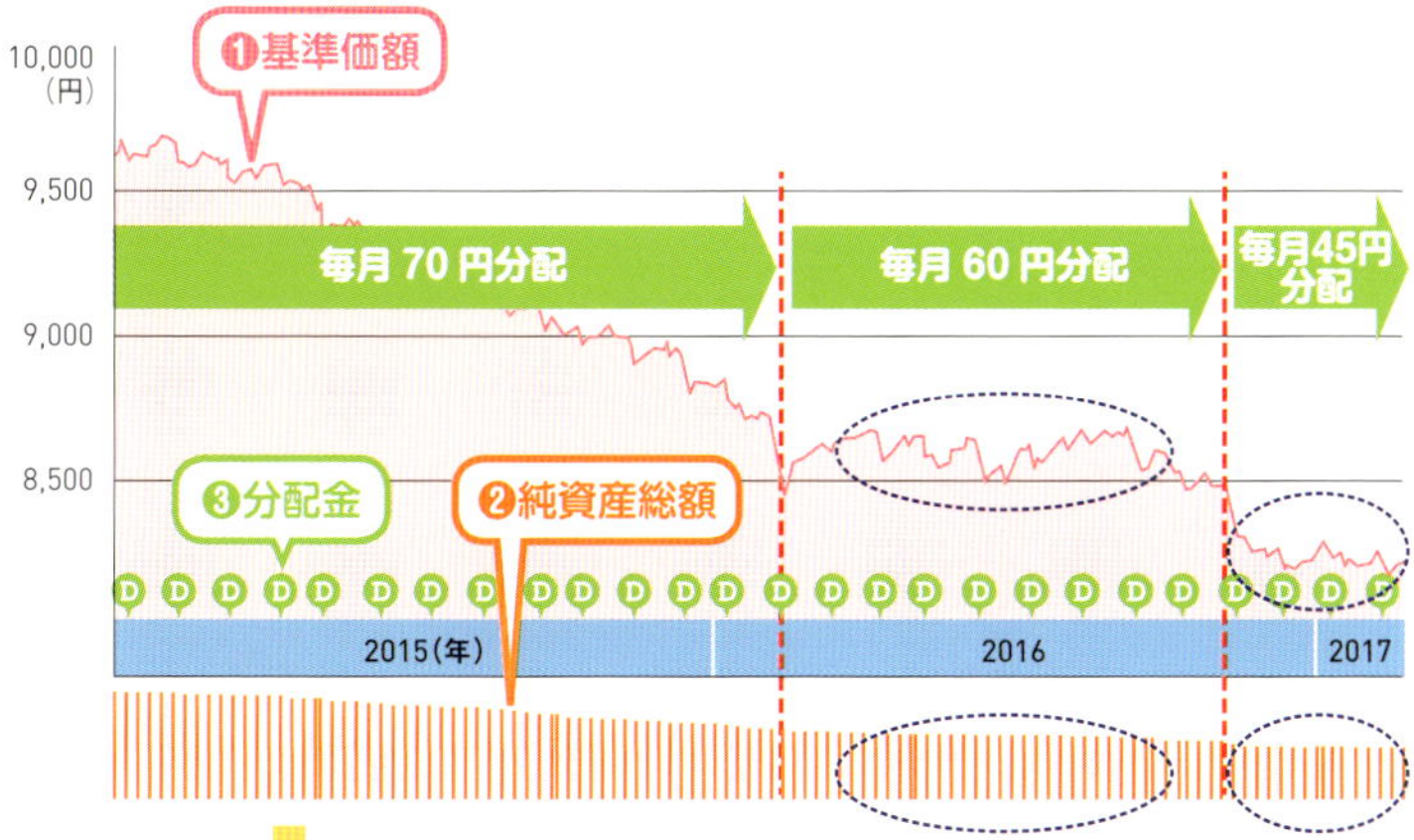

❸分配金 ………… 70円を毎月分配

❶基準価額 ……… 分配金が出るごとに下落の傾向

❷純資産総額 …… 分配金が出るごとに減少の傾向

❸分配金の引き下げ後（70円から60円、さらに45円に）

…**❶基準価額**の下落が緩和

…**❷純資産総額**の減少が緩和

●分配金の高いファンドに要注意！

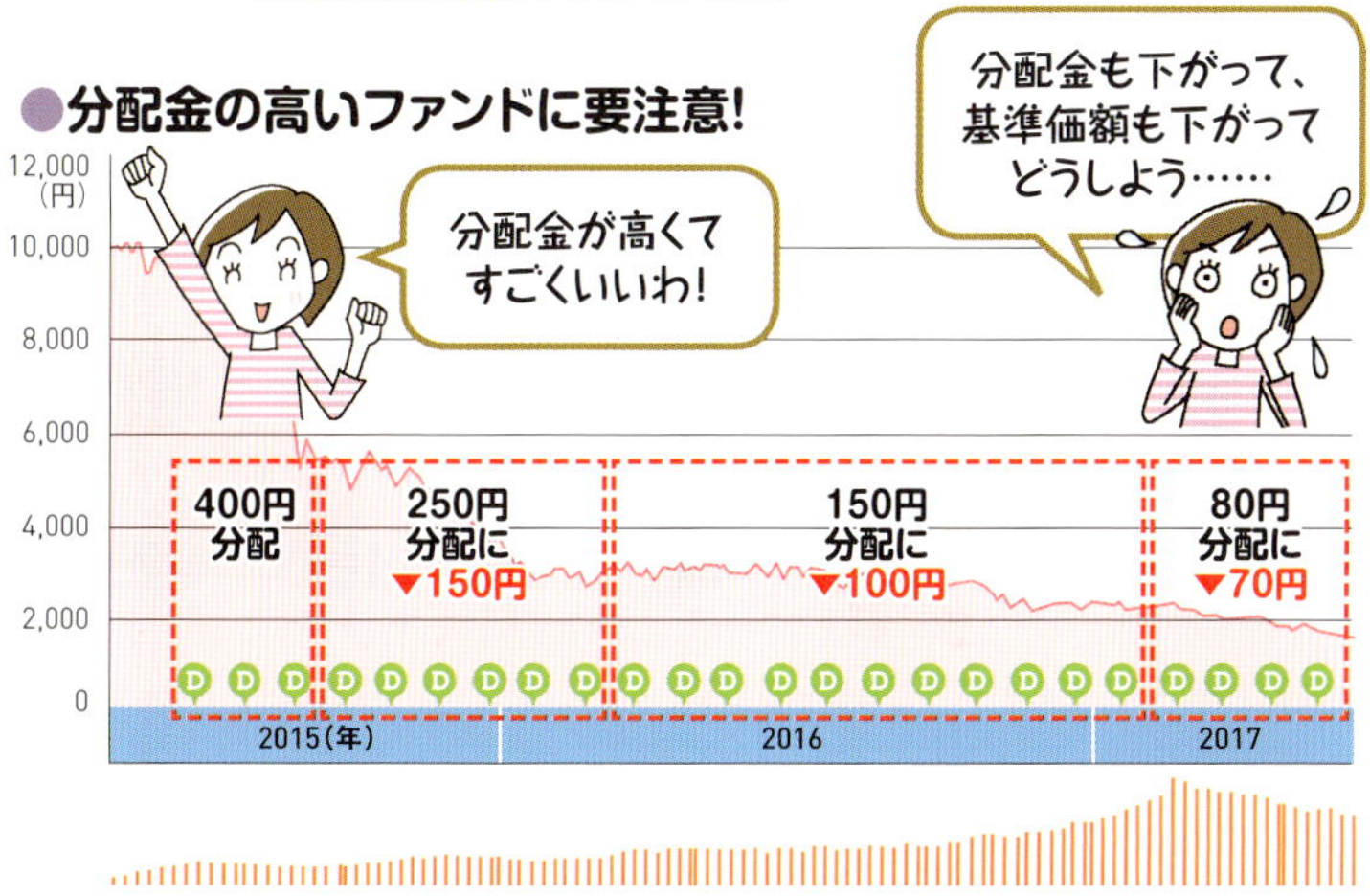

※毎月分配で200円以上のようなファンドはとくに注意

35

選ぶポイント――その6

「信託報酬」の低いものがよい

重要度 ★★★☆☆

信託報酬は大きなコスト

投資信託の購入後にかかるコストに、「信託報酬」があります。

これは運用管理費とも呼ばれ、投資信託を運用している間、ずっとかかります。よって、中・長期を前提とする投資信託で、これはかなり大きなコストとなっていきます。

投資信託を選ぶときには見えにくいコストですが、**購入時にかかる販売手数料よりも重視すべきです**。

信託報酬1・45％以下がおすすめ

信託報酬は、販売手数料のように購入時にかかるのではなく、運用中の資産から自動的に差し引かれていきます。

その金額はファンドによってさまざまです（どの金融機関で購入しても同じファンドであれば、金額は変わりません）。**目論見書を見て必ず確認してください**。

また極力、信託報酬の低いファンドをおすすめします。

信託報酬は一般に、インデックス型や公社債ファンドなどは低く、アクティブ型ファンドは高い傾向にあります。基本となる目安は1・45％以下です。

また、**運用成績がよく、純資産総額が増加しているファンドの中には毎年、信託報酬を下げているものもあるのでチェックしてみてください**。

アドバイス

POINT

ノーロード型の信託報酬

ノーロード型の投資信託は、販売手数料ゼロ円で取り組みやすいといわれるが、同じインデックス型でも信託報酬が割高になっているケースがある。販売手数料は１回のみだが、信託報酬は毎年かかるので、この点も要チェック。

・信託報酬の差が運用に影響する・

●100万円を年率5%の利回りのファンドで運用した場合

	信託報酬	5年後	10年後	20年後
Aファンド	0.5%	124.6万円	155.3万円	241.2万円
Bファンド	1.0%	121.7万円	148.0万円	219.1万円
Cファンド	1.5%	118.8万円	141.1万円	199.0万円

信託報酬は365分の1ずつ、毎日引かれますが、ここでは
便宜上、一括で差し引いて計算しています

信託報酬が1%違うと、運用率が同じでも
20年後には42.2万円の差となる

●信託報酬1.45%以下で検討するのが無難

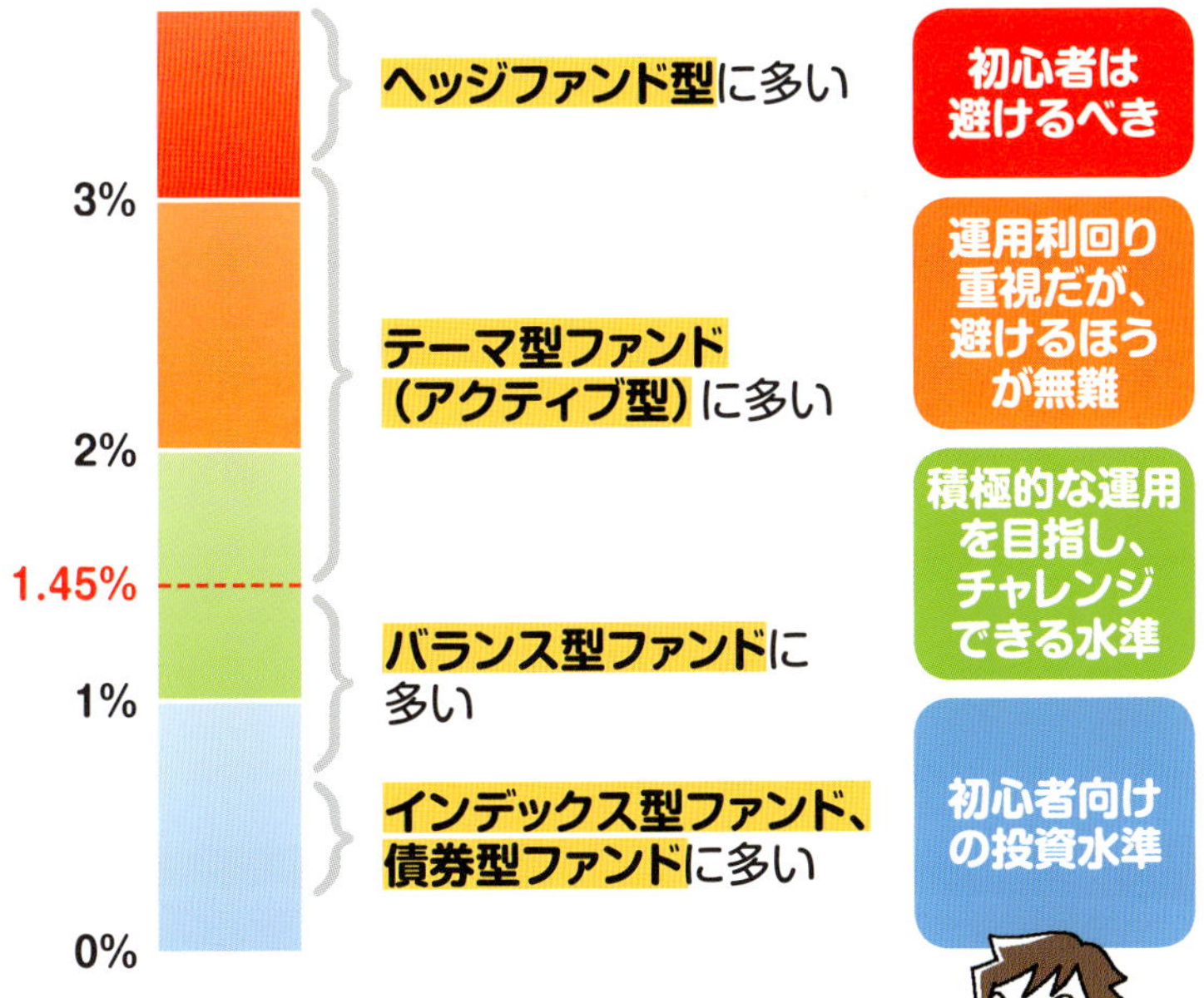
3%
2%
1.45%
1%
0%
ヘッジファンド型に多い
初心者は避けるべき
テーマ型ファンド（アクティブ型）に多い
運用利回り重視だが、避けるほうが無難
バランス型ファンドに多い
積極的な運用を目指し、チャレンジできる水準
インデックス型ファンド、債券型ファンドに多い
初心者向けの投資水準

36

選ぶポイント——その7

「債券型投資信託」が初心者向き

重要度 ★★★☆☆

比較的リスクが低い

債券型投資信託はおもに、国や地方自治体、企業などが発行する債券に投資・運用する投資信託です（ただし公社債投資信託であるMMFやMRFなどは、これと性質が異なります。次ページ参照）。

株式などと違って、**債券は元金や利払いが確定しているという性質を持ちます**（債券に投資した元金は基本的に満期で戻ってきます）。よって、運用リスクが比較的低いほか、信託報酬の安いファンドがたくさんあります。

信用度が低いほどリターンは大きい

債券型投資信託を選ぶポイントは「**メインの債券は何か**」ということです。

債券にも日本の国債や地方債のように利率は低いが、信用度が高い・安定している（高格付け）ものがあります。反対にトルコやギリシャなど新興国（エマージング）の国債などには、信用度が低いものもあります。

また社債（事業債）においても、大企業が発行するものと中小企業が発行するものでは信用度が異なります。

信用度が低いと、発行体が破綻するなどして、利息や元本などが条件どおり支払えなくなる恐れがあります。

そのぶん利率が高いので、信用度の低い債券が一概に悪いというわけではありませんが、かかるリスクも踏まえて選んでください。

用語解説 投資国の国債格付けとリスク

国債は、世界のほとんどの国で発行されている。ただ、国によってリスクの差がある。これは国の政情や経済情勢などによる格付けで分別（ＡＡＡ～Ｂ）されている。日本はＡ＋、アメリカはＡＡ＋、破たん懸念のギリシャはＢ－。

運用先のリスクとリターンの関係

●債券型投資信託のリスクとリターンの関係

●公社債投資信託と債券型投資信託

公社債投資信託（債券投資信託）

MRF
（マネー・リザーブ・ファンド）

MMF
（マネー・マネージメント・ファンド）

外貨MMF
（マネー・マーケット・ファンド）

※公社債のみで運用される

債券型投資信託（株式投資信託）

高格付け債券ファンド
外国債券型ファンド
エマージング債券ファンド
国内債券型ファンド
など（82〜83ページも参照）

※債券で運用するが、
他の資産も組み入れられると約款に記載

37

選ぶポイント――その8

国際型なら「為替ヘッジあり」「なし」がある

重要度 ★★★☆☆

円高・円安に左右される国際型

債券、株式、不動産を問わず、各ファンドには「国際（外国）型」があります（名称にグローバルなどがついています）。アメリカやヨーロッパなどの先進国、インドや中国といった新興国など、ファンドによってさまざまな国や地域の金融商品を対象にしています。

ここでは為替の影響に注意してください。

たとえばインドの10年国債の利回りは約6・6％と、日本と比べてかなりの高率です。ただし、インドと日本では通貨が違うので、取引には必ず為替が影響します。

投資対象国の通貨が安くなると（円高）、日本円に換算した場合の運用状況は悪くなってしまいます。

為替ヘッジあり・なしのファンドがある

ヘッジを和訳すると「回避する」という意味になります。よって「為替ヘッジ」とは、**為替変動による損失を回避することをいいます。**

国際型投資信託には、為替の影響を回避する「為替ヘッジあり」と、回避しない「為替ヘッジなし」があります（目論見書を参照）。

「為替ヘッジなし」のファンドでは円安の場合、投資した株式や債券の価格が現地通貨ベースで変わらなかったとしても、為替差益が得られます。

逆に円高になったら、為替差損が生じ、基準価額の下落要因となります。

アドバイス　為替ヘッジの効果

POINT

為替ヘッジとは、為替の影響を基準価額が受けなくする手法。外国株式・債券などは米ドルやユーロなどの外国通貨で投資されるので、為替の変動が価額に反映される。そこでヘッジをして為替差損をカバーする効果が得られる。

円安でトクする・円高でソンする

● 1米ドル＝100円のときに100万円（1万米ドル）を投資
（100万円÷100円＝1万米ドル）

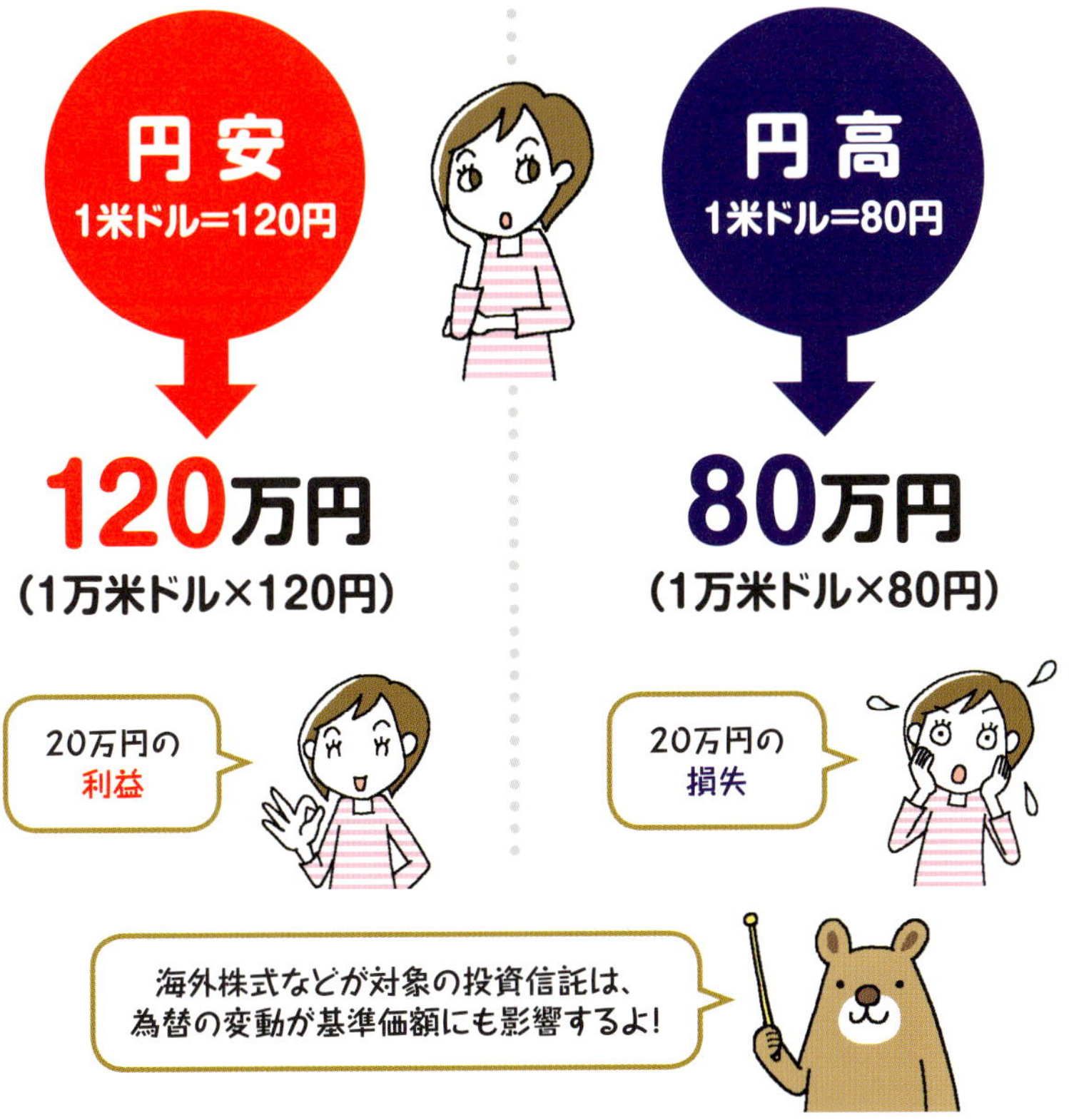

● 「為替ヘッジあり」のファンドは信託報酬が高め

	円高／通貨安になった場合	円安／通貨高になった場合
為替ヘッジなし	ソンする	トクする
為替ヘッジあり（信託報酬が高め）	影響を受けない	影響を受けない

38

選ぶポイント──その9

ベンチマークと近いか上回るものがよい

重要度 ★★☆☆☆

ベンチマークは運用の指標

ベンチマークは、投資信託が運用の指標とする指数を指します。株式投資信託であれば日経225などの株価指数、公社債投資信託であれば債券指数といったものです。

このように、投資対象によって異なるベンチマークを採用していますが、なかにはベンチマークをとくに定めていないファンドもあります。

ベンチマークが明確なファンドの場合、**ベンチマーク比でどのような運用成績になっているかを3年程度の期間で比較してください**。毎月配布される「運用レポート」（140ページ参照）には、運用実績とベンチマークの両方が比べられるようになっています。

ベンチマークを軸にして選ぶ

ベンチマークは、投資信託を運用するファンドマネージャーの能力を判断する材料にもなります。

インデックス型では「ベンチマークと同じ運用成果を得られるか」、アクティブ型では「ベンチマークを上回る運用成果を得られるか」が問われます。

よって、**インデックス型ではベンチマークとファンド実績の乖《かい》離《り》率《りつ》がいかに小さいか、アクティブ型ではファンドの実績がベンチマークをどの程度上回っているか**が、優秀なファンドを見極めるポイントになります。

用語解説　ベンチマーク収益率

運用の収益率は、その時どきの市場環境で大きな差が出る。ベンチマーク収益率は、ベンチマークに比べてどの程度、運用実績が上回ったかを示す。よって、その投資信託の、運用の良し悪しを判断できる。

ベンチマークとの乖離に注目

インデックス型

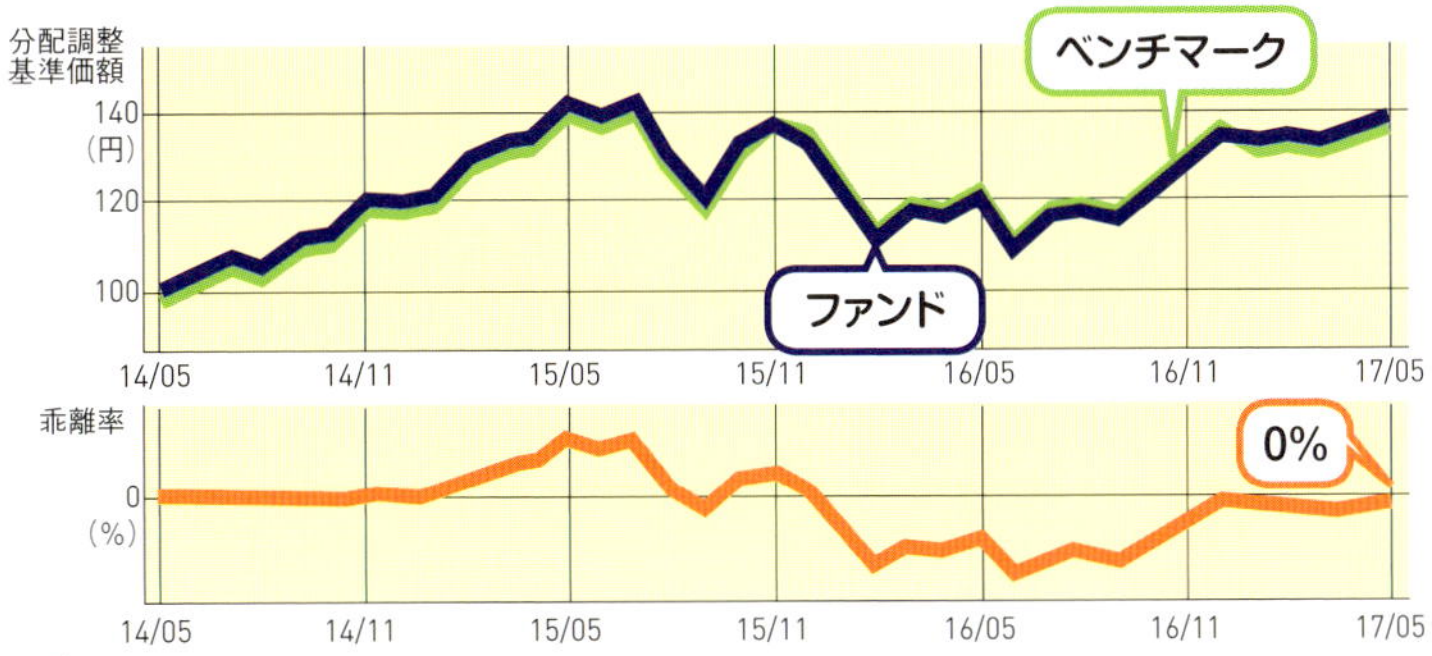

➡ 3年間でほぼ0%の乖離率

ベンチマークに沿った運用を目指すのが、
インデックス型の特徴だよ

アクティブ型

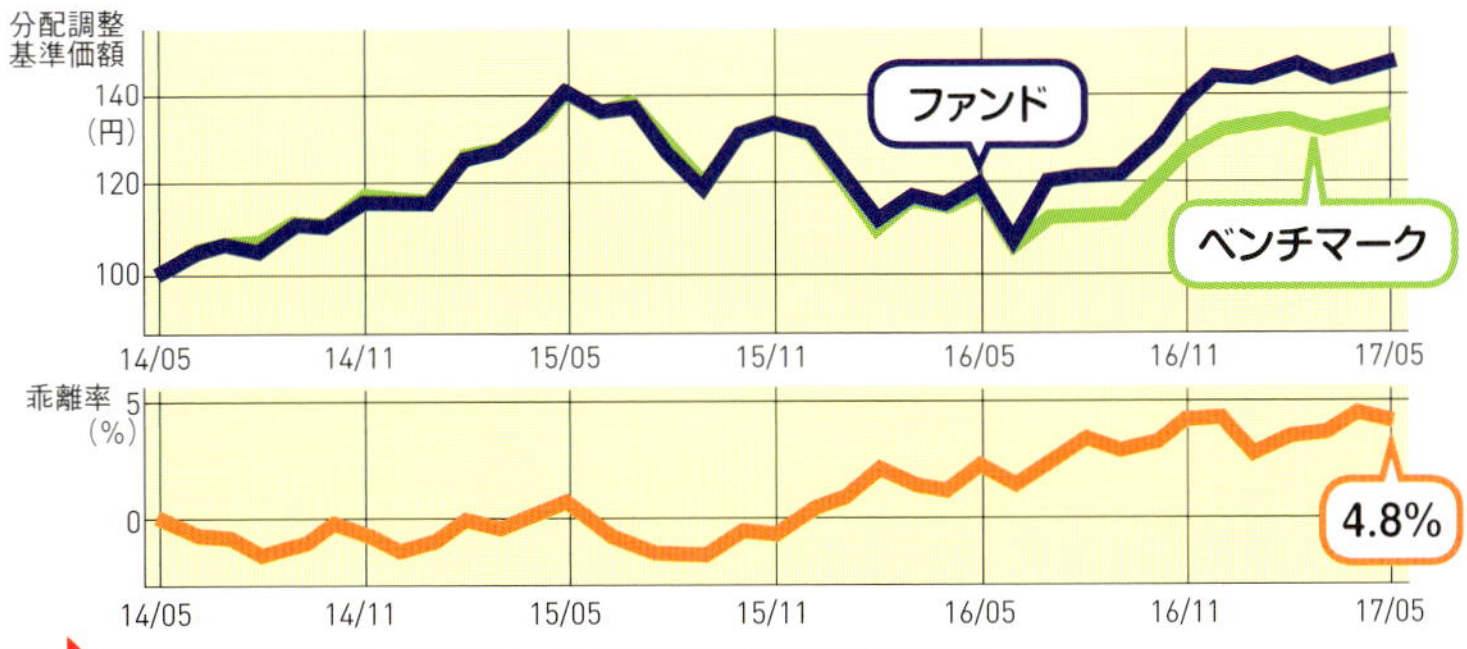

➡ 3年間でベンチマークを約4.8%上回る

ベンチマークを上回る運用を目指すのが、
アクティブ型の特徴だけど、変動は大きいよ

39

選ぶポイント――その10

重要度 ★★★★★

ファミリーファンド方式のほうがコスト安

ファミリーファンドはコスト安

なぜ初心者にはファミリーファンド方式のほうがよいのか――それは、**かかるコストが安いからです**。

ファミリーファンド方式は、複数のベビーファンドが一つのマザーファンドに投資して運用されます。マザーファンドという資産規模の大きい運用が可能ですし、**信託報酬はベビーファンドにしかかかりません**。

ただし、個々のベビーファンドが投資する大元が同じ（マザーファンド）なので、大元の運用成績が悪いと、どのベビーファンドも一様に悪くなってしまいます。

たんに「コストを抑えた投資を心がける」といった観点でみると、ファミリーファンド方式は初心者向きになります。

分散投資のファンド・オブ・ファンズ

ファンド・オブ・ファンズ方式の最大のネックは信託報酬の高さにあります。これは、あるファンドがほかのファンドに投資・運用するので、投資先のほかのファンドのぶんも信託報酬がかかってしまうからです。

反面、ほかのファンドに投資・運用することで、さまざまな運用ができます。**積極的な分散投資で運用益を目指すことも可能です**。

運用益を目指した「分散投資」を考えるなら、ファンド・オブ・ファンズ方式の投資信託をおすすめします。

用語解説　プライベート・エクイティ（PE）

非上場企業の株式のこと。ファンド・オブ・ファンズ方式のファンドには、プライベート・エクイティを対象にしたファンド（PEファンド）に投資しているものもある。

コスト重視か運用重視か

●ファミリーファンド方式の特徴

→マザーファンドの実績がベビーファンドの実績に直結する

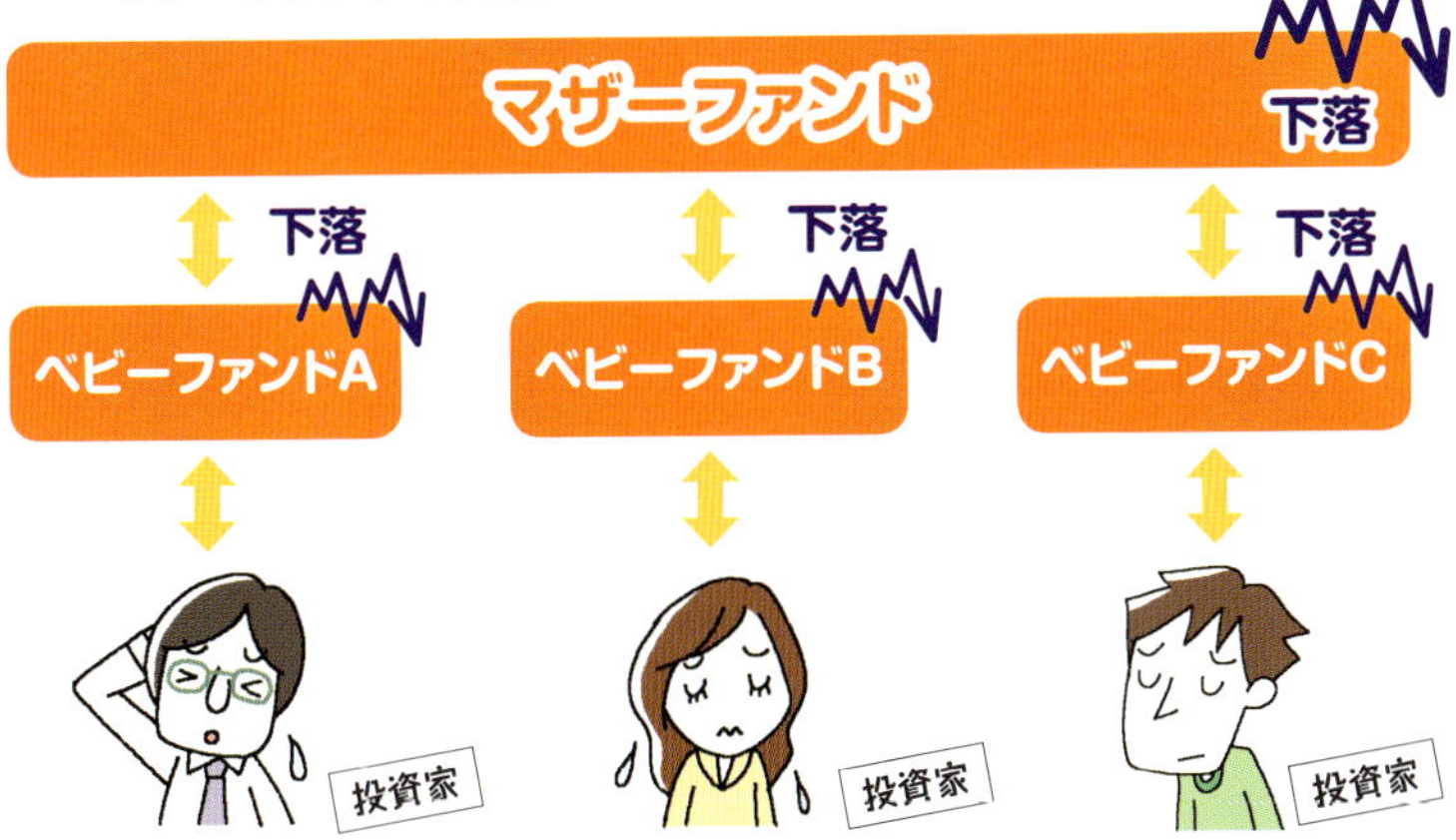

➡ マザーファンドが上昇（下落）すると、連動してベビーファンドも上昇（下落）する

●ファンド・オブ・ファンズ方式の特徴

→信託報酬が高い

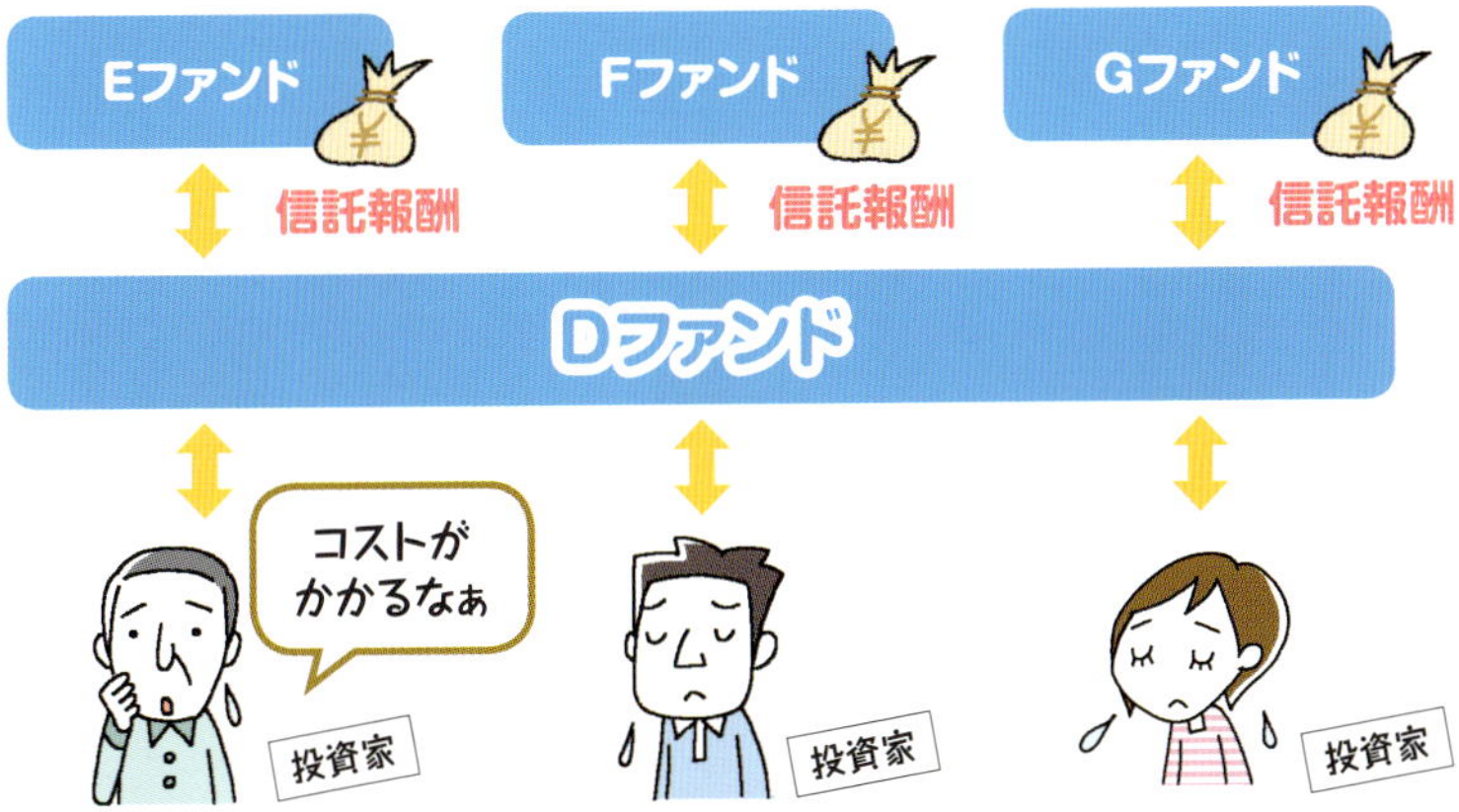

➡ Dファンドが、他のE、F、Gのファンドに投資して運用する際、それぞれに信託報酬等のコストが発生する

40

選ぶポイント――その11

人気ファンドがいいとは限らない

重要度 ★★★☆☆

人気≒販売会社が売り込んでいる

証券会社のホームページなどに、投資信託の売れ筋ランキングや人気ランキングがありますが、はたしてこれらは信用できるのでしょうか。

人気ランキングを決めている基準の多くは純資産残高や資金流入額が元になっています。これは運用成績に関係なく**「資金が集まっているファンド」＝「販売会社等が販売攻勢をかけているファンド」とも考えられます。**

つまり、人気＝好運用とは限りません。

では「運用成績ランキング」はどうでしょう？　じつはこれもうのみにはできません。なぜなら投資信託の運用成績は、あくまでも過去の数字だからです。

投資信託の人気ランキングは、売れ筋でお金が集まっている商品であることには間違いないのですが注意が必要なのです。

推奨商品にもウラがある

では、金融機関（銀行、証券会社）などの営業担当者が推奨するファンドはどうでしょう？

往々にして、新しく設定されたファンドを推奨することが多いようです。これから運用が始まるファンドに多くの顧客を集めて販売拡大を図りたいという営業戦略でしょう。

たとえ推奨ファンドであっても、一度持ち帰って運用方針や運用手法などをチェックしてください。

用語解説　新設ファンドの設定数

毎年、多くの投資信託が新設され、売り出されている。2016年は11月末までで、330本もの新設ファンドが新たに売り出された。17年も７月・８月だけで、38本のファンドが新設されている。

人気ランキングは信用できる？

	A社サイト	B社サイト	C社サイト
1位	グローバル・リート・トリプル・プレミアム・ファンド	野村インデックスファンド・日経225	ニッセイグローバル好配当株式プラス
2位	ブラジル株式ツインαファンド	野村インド株投資	ひふみプラス
3位	ひふみプラス	フィデリティ・USリート・ファンド	フィデリティ・USリート・ファンド

↓

人気ファンドとは？

↓

販売会社で販売金額が多いファンド

↓ 販売金額が多いと

純資産総額が増加する

↓ 結果

人気ファンドとなる

販売金額だけではなく運用実績や騰落率、
分配実績など、いろいろなランキングがある。
サイトをチェックしてトータルで
判断することが重要

41

選ぶポイント――その12

トータルリターンが高いものがよい

重要度 ★★★☆☆

騰落率は基準価額の変動率

騰落率とは、投資信託の基準価額が一定期間内にどのくらい変動したかを%で表したものです（34ページ参照）。

騰落率を見る場合、6か月や1年などの短期間ではなく、少なくとも3年〜5年の中・長期で見ていくことが重要です。

投資信託はあくまでも中・長期の運用が基本と考えれば、**短期の騰落率よりも中・長期での騰落率のほうが重要になります**。

たとえば、直近1年間の騰落率がプラス10%、5年間でマイナス20%のファンドでは、直近でプラスでも長期的にはマイナス運用となります。むしろ、直近1年間の騰落率がマイナス8%でも5年間の騰落率がプラス30%のファンドのほうがよいことになります。

また、直近1年間の騰落率がプラス30%だからといって、将来もプラスになるとは限らないということも知っておいてください。

トータルリターンは期間利益率

トータルリターンは、一定期間内に投資信託がどのくらいの利益を上げたかを%で表したものです。騰落率と異なるのは、たんに基準価額の増減率でなく、分配金や手数料を加味して計算しているところです。

トータルリターンは、基準価額の増減だけで計算する騰落率よりも、運用成績を正確に反映しているといえるでしょう。

用語解説 トータルリターン通知制度

投資信託において、投資による元本の増減と分配金による受け取り額を合計した損益（トータルリターン）を、投資家にわかりやすく通知するための制度のこと。

騰落率とトータルリターンをチェック

※月次報告書から一部抜粋

マンスリーレポート（販売用資料）　当レポートは11枚組です。　MUFG 三菱U

米国エネルギーMLPオープン（毎月決算型）
為替ヘッジあり／為替ヘッジなし
〈愛称〉エネルギー・ラッシュ
追加型投信／海外／その他資産
作成基準日：2017年3月31日

期間基準日

騰落率

基準日までの
3か月～1年の間の
騰落率はプラス

基準日までの
3年から設定来の
騰落率はマイナス

※基準価額は1万口当たりです。

ファンドの騰落率

期間	1ヵ月	3ヵ月	6ヵ月	1年	3年	設定来
ファンド	0.4%	4.3%	12.6%	50.4%	−19.7%	−15.9%

※ファンドの騰落率は、各収益分配金（課税前）をその分配を行う日に全額再投資したと仮定して算出しています。
したがって、各期間の騰落率と実際の投資家利回りは異なります。
※設定来のファンドの騰落率は当初設定価額（10,000円）を起点として算出しています。

短期間はプラスとなっているが、
設定来・基準日までの3年間ではマイナス。
ファンド自体はあまりよくないが、最近は持ち直しているね

トータルリターン

※モーニングスターサイトから一部抜粋

米国エネルギーMLPオープン（毎月決算型）H有 『愛称 ： エネルギー・ラッシュ』 ★

投信会社名：三菱UFJ国際投信

基準価額	前日比	純資産	カテゴリー	リスクメジャー
6,234円	⬇16円（0.26%）	13,945百万円	国際株式・北米（H）	5（高い）
2017年05月12日			評価基準日　2017年04月30日	

スナップショット　リターン　チャート　分配金　レーティング&リスク　コスト　ポートフォリオ　ニュース

リターン　累積収益　期間収益　インベスターリターン

リターン：最新

期間基準日
（ここでは2017年4月30日）

1年

	1カ月	3カ月	6カ月	1年	3年（年率）	5年（年率）	10年（年率）	設定来
トータルリターン	-1.41%	-0.87%	13.77%	22.75%	-8.47%	--	--	-17.06%
カテゴリー	1.29%	4.72%	11.59%	14.10%	3.88%	--	--	--
+/- カテゴリー	-2.70%	-5.59%	+2.18%	+8.65%	-12.35%	--	--	--
順位	56位	45位	16位	4位	31位	--	--	--
%ランク	100%	90%	38%	10%	94%	--	--	--
ファンド数	56本	50本	43本	41本	33本	--	--	--

騰落率1年（2017年3月31日基準）では、50.4%のプラスだが、
トータルリターン1年（2017年4月30日基準）では、
22.75%のプラスしかない。
基準価額は上がっているが（騰落率）、
収益は騰落率ほどでない（トータルリターン）

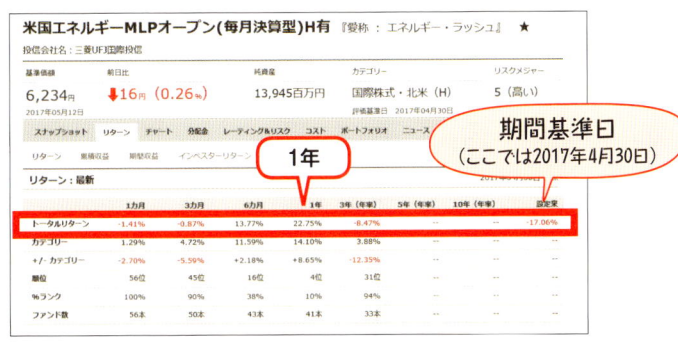

42

選ぶポイント——その13

シャープレシオ0・5以上がよい

重要度 ★★★☆☆

リスクを踏まえたリターンを測る

シャープレシオは、リスク1単位あたりに対しての超過リターンを測る数値です。要はこの数字が高いほど、とったリスクに対して得られたリターンが高い（**効率よく収益が出た**）ことになります。

違う投資対象を比べる際、リスクが同じならどちらが高リターンを得られるかを判断するのに役立つ指標です。

リスクもわかる

シャープレシオを算出する際に用いられるのが「標準偏差」です。

標準偏差はファンドなどのポートフォリオの総リスクを表します。投資信託がある期間内にどのくらい変動したか、その上がり下がりのブレを表した数値です。つまり、標準偏差の数値が小さいファンドは、変動（値動きのブレ）が少ないということになります。

シャープレシオの数値は、投資信託の収益率を標準偏差で割って数値化したものです。

今までの運用に対する数値なので、将来を見通すものではありません。参考程度に考えるということも大切です。

シャープレシオだけでいえば、**目安として0・5～0・9で普通、1・0～1・9で優秀、2・0以上なら大変優秀**といったところ。同じ種類のファンドを比べる場合は、同時に標準偏差も比較してください。

アドバイス　**投資信託の分類のしかた**

POINT

投資信託を比較する際に、同分類か否かを判断する場合は、その投資信託のベンチマークを見よう。インデックス型であれば、TOPIXや日経225といった同じベンチマークで運用するファンドでもシャープレシオに差が出る。

シャープレシオと標準偏差をチェック

※モーニングスターホームページから一部抜粋

ファンドA

米国ハイイールド債券ファンド円コース ★★★★

投信会社名：アセットマネジメントOne

基準価額	前日比	純資産	カテゴリー	リスクメジャー
8,490円 2017年05月12日	⬇35円（0.41%）	11,626百万円	国際債券・ハイイールド債（H） 評価基準日 2017年04月30日	1（低い）

パフォーマンス　詳しく見る

年	1年	3年（年率）	5年（年率）	10年（年率）
トータルリターン	11.77%	3.97%	6.13%	--
カテゴリー	7.92%	2.36%	4.89%	--
+/- カテゴリー	+3.85%	+1.61%	+1.24%	--
順位	8位	13位	7位	--
%ランク	10%	19%	15%	--
ファンド数	86本	71本	49本	--
標準偏差	3.21	5.43	5.04	--
カテゴリー	3.46	5.30	5.12	--
+/- カテゴリー	-0.25	+0.13	-0.08	--
順位	32位	44位	25位	--
%ランク	38%	62%	52%	--
ファンド数	86本	71本	49本	--
シャープレシオ	3.67	0.72	1.21	--
カテゴリー	2.36	0.48	0.97	--
+/- カテゴリー	+1.31	+0.24	+0.24	--
順位	4位	17位	7位	--

3年標準偏差
5.43

3年シャープレシオ
0.72

ファンドAとB
どちらがいいの？

ファンドB

野村 米国ハイ・イールド・ファンド(年1)H有 ★★

投信会社名：野村アセットマネジメント

基準価額	前日比	純資産	カテゴリー	リスクメジャー
10,971円 2017年05月12日	⬆5円（0.05%）	264百万円	国際債券・ハイイールド債（H） 評価基準日 2017年04月30日	2（やや低い）

パフォーマンス　詳しく見る

年	1年	3年（年率）	5年（年率）	10年（年率）
トータルリターン	13.33%	1.57%	--	--
カテゴリー	7.92%	2.36%	--	--
+/- カテゴリー	+5.41%	-0.79%	--	--
順位	4位	52位	--	--
%ランク	5%	74%	--	--
ファンド数	86本	71本	--	--
標準偏差	3.83	6.59	--	--
カテゴリー	3.46	5.30	--	--
+/- カテゴリー	+0.37	+1.29	--	--
順位	68位	64位	--	--
%ランク	80%	91%	--	--
ファンド数	86本	71本	--	--
シャープレシオ	3.48	0.23	--	--
カテゴリー	2.36	0.48	--	--
+/- カテゴリー	+1.12	-0.25	--	--
順位	7位	54位	--	--

3年標準偏差
6.59

3年シャープレシオ
0.23

3年から5年を基準に
考えよう

同じような条件で
比較した場合、
シャープレシオの高い
ファンドAのほうが
いいです

43

運用のコツ——その1

一つのファンドに偏らせない

重要度 ★★★★★

分散投資でリスクを減らす

一つのファンドに全資金を集中して投資するのはハイリスク・ハイリターンであり、おすすめできません。

仮に中国株のファンドに集中投資したとしましょう。中国経済が活況なときは、大きな収益が見込めます。反面、縮減したら大損失となる恐れもあるのです。

一方で中国株のファンドだけでなく、日本や欧米などの株式ファンドにも分散投資していればどうでしょう？

たとえ中国株が悪くてもアメリカなどの経済が堅調であれば、中国株での損失の影響を減らせます。

4つの対象に分散投資する

初心者向けの基本分散モデルとして「4資産分散」という考え方があります。4資産とは、**国内株式、国内債券、先進国（外国）株式、先進国（外国）債券**のことです。

これらを組み入れたファンドにそれぞれ投資することで、リスクを分散させながら安定的な収益を目指すことができます。

この分散投資で重要なのは、リターンと許容リスクにあわせて分散するということです。リスクを取ってでも大きなリターンを重視する場合は「**株式中心**」となります。一方、リスクを抑えて安定的なリターンを考えるなら「**債券重視**」となります。

アドバイス　**バランス型ファンド選びは資産クラスで**

POINT

バランス型では、株式（海外・国内）、債券（海外・国内）、REIT（海外・国内）など、大まかな分類を考えてファンドを見ていくことが大切。そこから、分散されている割合を見て決めていくとよい。

・投資信託のポートフォリオ ケーススタディ・

●リターン重視型のポートフォリオ例

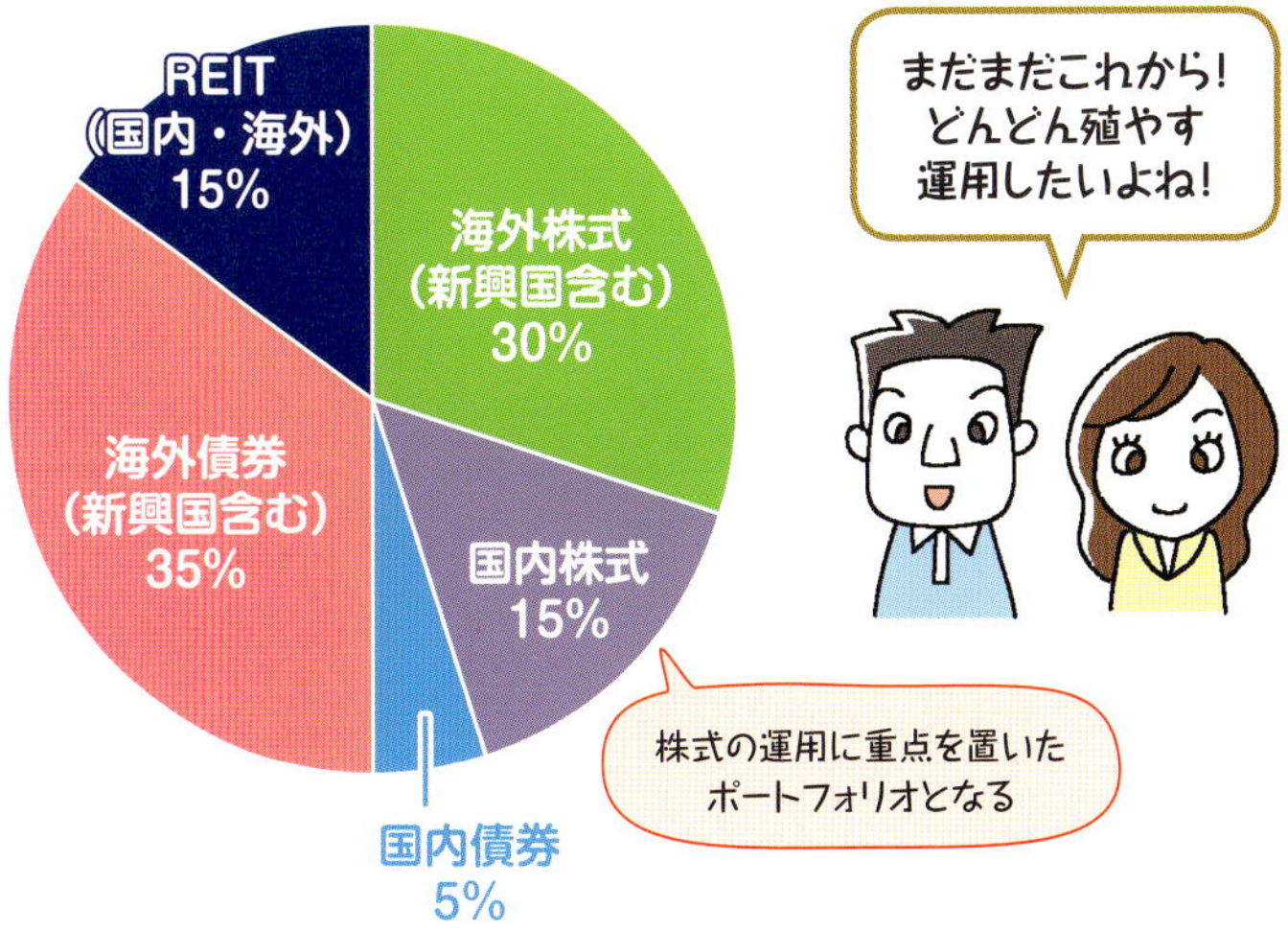

●安定重視型のポートフォリオ例

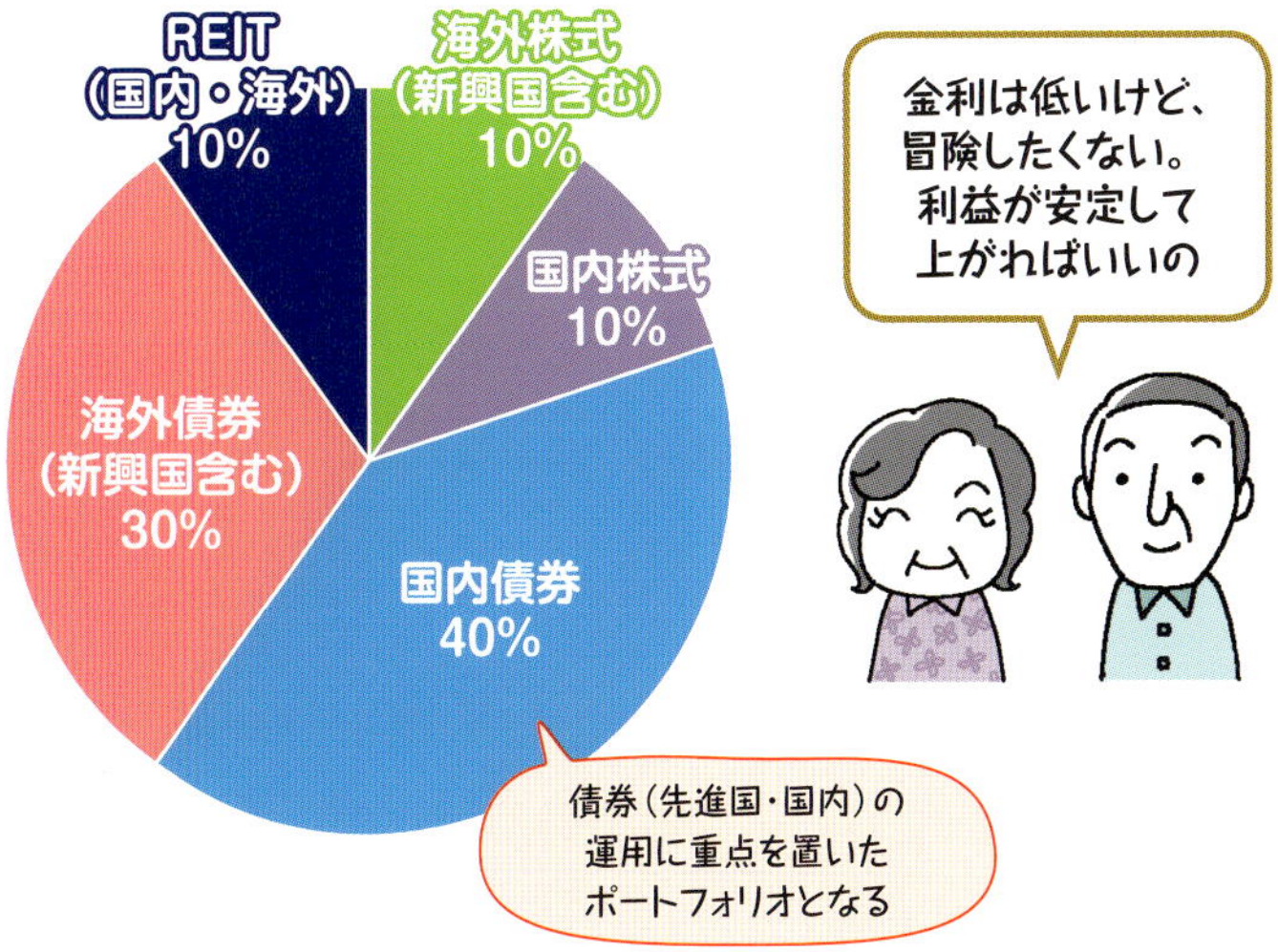

から最適なファンドを探す

5 運用目標に応じた最適ポートフォリオが表示される。
「ステップ2:ポートフォリオを組み立てる」をクリック

7
ファンドを選んでチェックする!
目論見書・月次報告書など

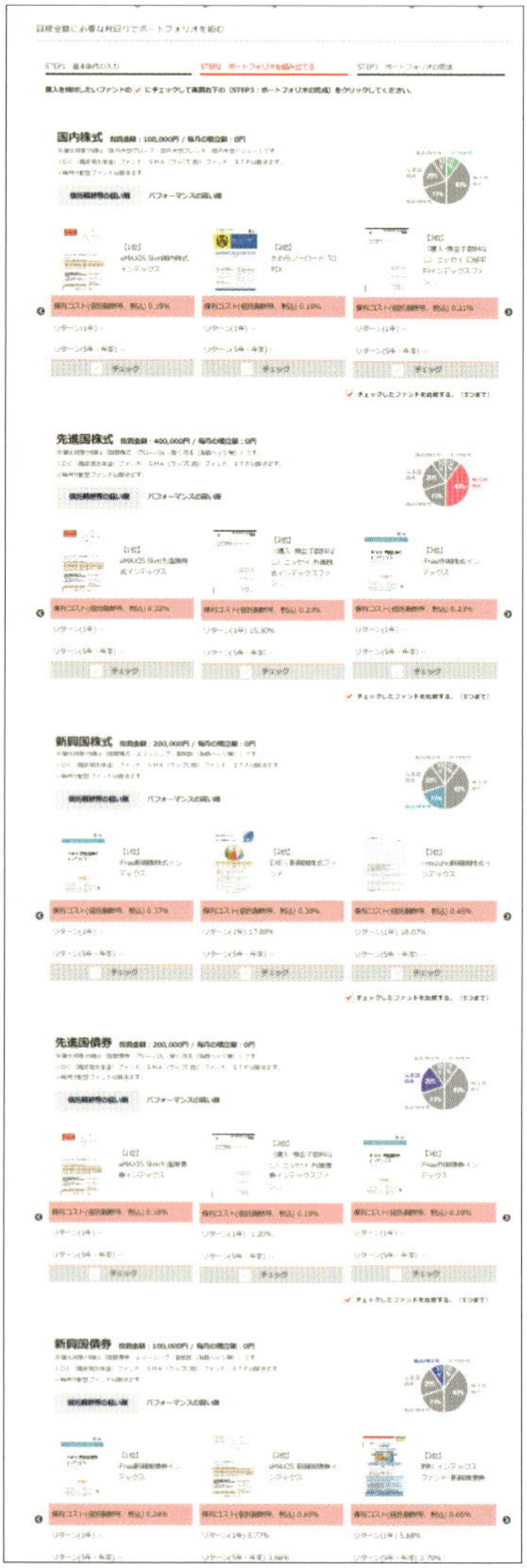

6 ポートフォリオに応じたファンドが表示される

モーニングスターのサイト

1 TOPページから「かんたんファンド検索」をクリック

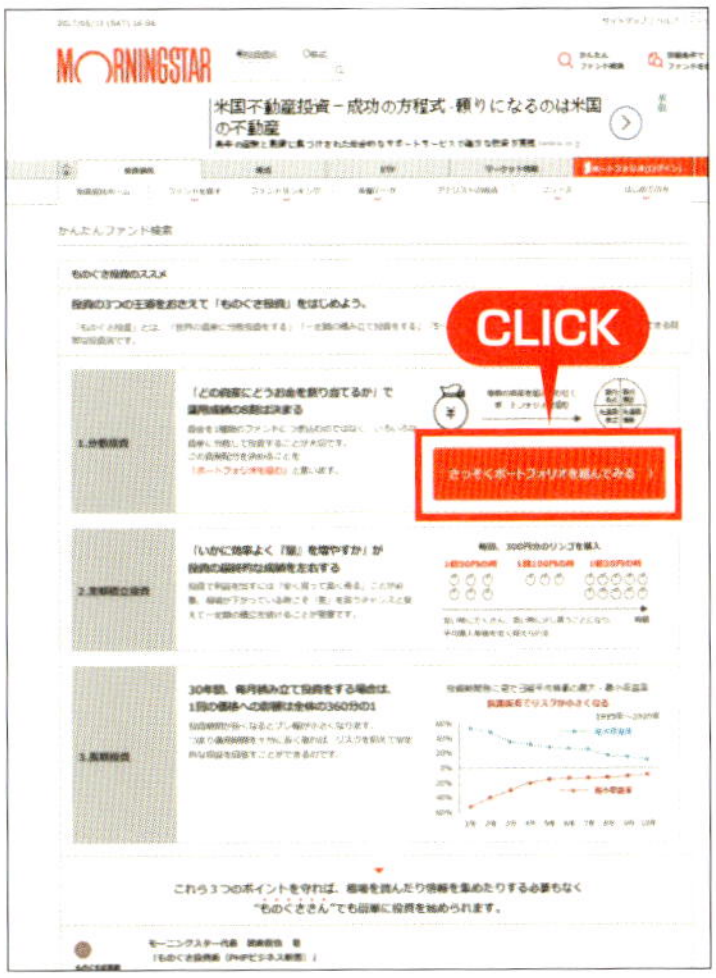

2 「さっそくポートフォリオを組んでみる」をクリック

3 タブを選択してクリック!
今回は「一括で投資する場合」を選択

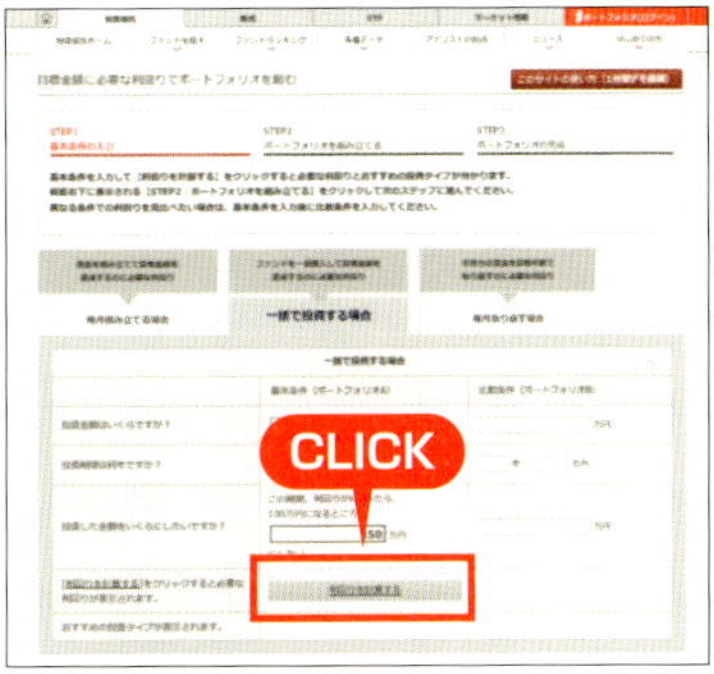

4 投資金額100万
投資期間5年
目標金額130万　を入力して、
「利回りを計算する」をクリック!

44

運用のコツ――その2

一度にお金をつぎ込まない

重要度 ★★★★☆

一括投資は難しい

たとえば、基準価額10000円のインデックス型ファンドを10万円で一括投資したとしましょう。

基準価額が上昇すれば問題ありませんが、8000円に下落したら、マイナス20%（2万円）の運用損になります。たとえ下落した価格が元に戻っても、利益はゼロです。

このように、**一括投資にはファンドの今後の動向を見極めた購入のタイミングが必要です**。

「今は底値圏だが上昇基調にあるタイミングなので購入する」というのが理想ですが、初心者がこれを判断するのは難しいでしょう。

積み立て投資でリスクを減らす

価格が右肩上がりなら、積み立て投資よりも一括投資のほうがより利益を得られます。一方で右肩下がりになった場合、積み立て投資でも一括投資でも損はします。

しかし積み立て投資の場合、価格が下落したあとも買うので、平均購入価格が引き下げられます。また、一括購入のときよりも投資額が少ないぶん、損失も少なく済みます。

また、**毎月定額で購入するように決めてしまえば、投資のタイミングをいちいち考える必要がありません**。この購入方法を「ドルコスト平均法」といいます。初心者向きの方法です。

用語解説　純金積立

ドルコスト平均法を用いた投資に「純金積立」がある。金の現物を毎月少しずつ買っていくという金投資で、100g以上貯めれば金の現物で引き出せるというもの。

毎月積み立てて買うのも効果的

ドルコスト平均法
一定額で一定時期に買い続け、価格を平準化する

※名称にドルとあるが、通貨のドルとは関係ない

●投資信託Aを「積立投信」で10か月間購入した場合

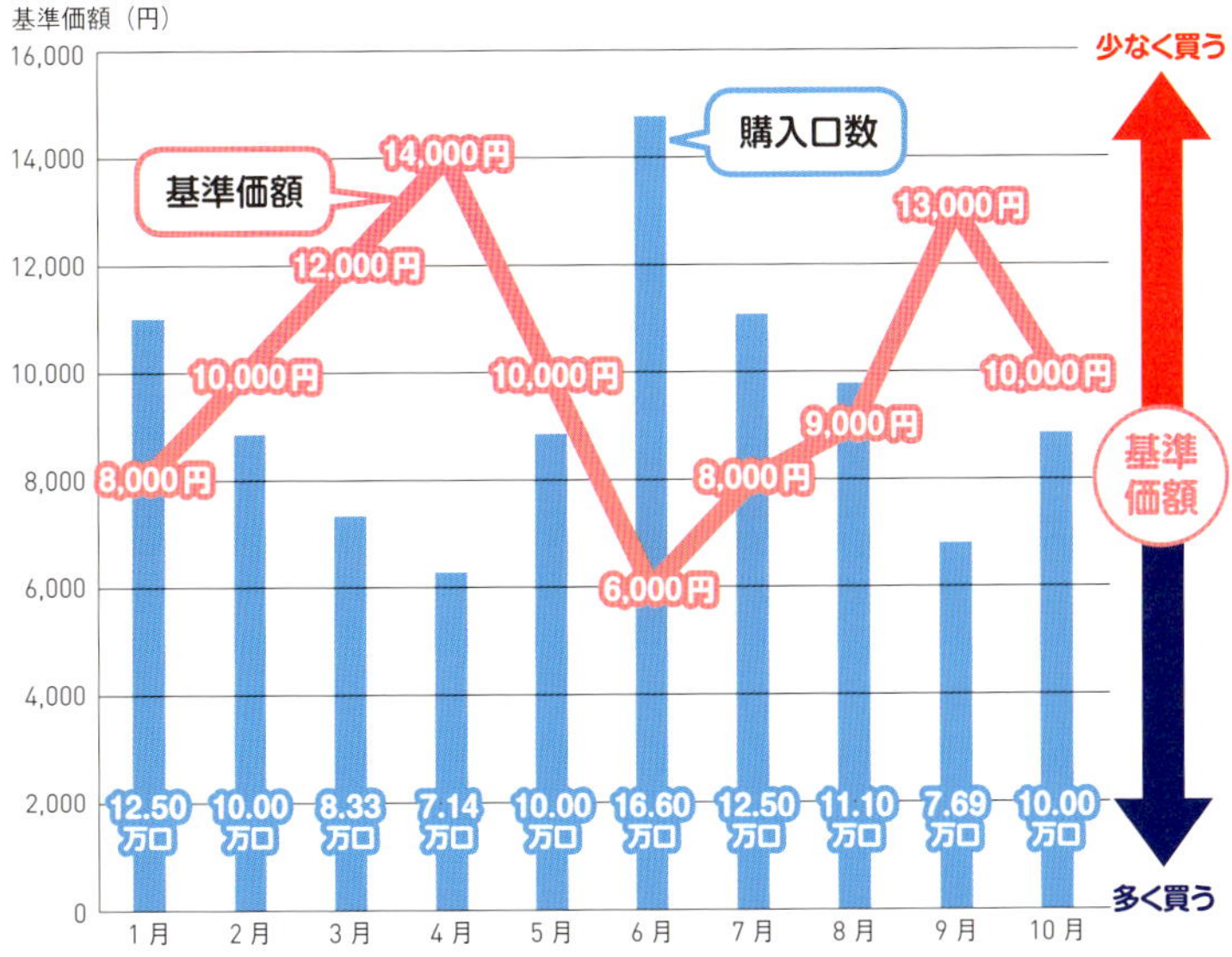

	1月	2月	3月	4月	5月	6月	7月	8月	9月	10月
購入口数	12.50万口	10.00万口	8.33万口	7.14万口	10.00万口	16.66万口	12.50万口	11.11万口	7.69万口	10.00万口
購入金額	10万円	10万円	10万円	10万円	10万円	10万円	10万円	10万円	10万円	10万円

購入口数：105.93万口
平均購入基準価額：10,000円

売買のタイミングがうまくつかめないときなど有効

※購入手数料等は除く

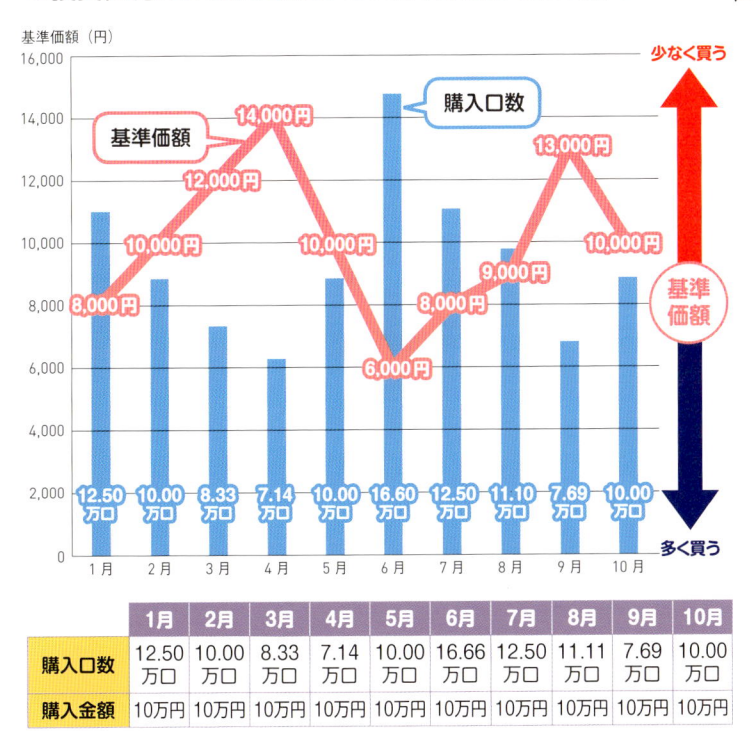

45

運用のコツ——その3

分配金を「再投資」するのも得策

重要度 ★★★☆☆

分配金の受け取り方法は2種類

投資信託の分配金には「受取型」と「再投資型」があります。

受取型は一般コースとも呼ばれ、分配金が出るたびにそれを受け取っていく方法です。**再投資型は、自動継続コースとも呼ばれるもので、分配金を同じ投資信託に再投資していく方法です。**

分配金のある投資信託では、必ず購入時にどちらかを選ぶようになっているので、2つの違いをよく理解しておいてください。また、運用中にコース変更できる投資信託もあるので、事前にチェックすることもおすすめします。

再投資型で「複利」を生かせ！

再投資型では、分配金が自動的に同じ投資信託に再投資されます。ここでは分配金を再投資してもたいてい、購入手数料はかかりません。

また、分配金として支出されるお金がそのまま投資信託に投資されるので、「**複利の力を活用できる**」というメリットがあります。

投資信託は基本的に中・長期で運用していくものです。それには複利効果が期待できる再投資型を選ぶのが得策です。

目先の小遣いを稼ぐのではなく、将来の資産形成を重視するうえで、再投資による複利効果は必須です。

用語解説 無分配型投資信託

無分配（分配をしない）投資信託では、運用益をすべて再投資しているので、運用成果がそのまま基準価額に表れてくる。なかには、基準価額が３万円超、４万円超の投資信託もある。

分配金の再投資で複利効果を狙う

分配金

分配金を**受け取る**	分配金を**再投資する**
メリット 運用を続けながら、投資成果をこまめに受け取れる	**メリット** 複利効果のメリットが享受できる
デメリット 再投資（複利）の効果で資産を増やせない	**デメリット** 解約しないかぎり、投資成果が享受できない

分配金は、「受け取り型」と
「再投資型」があります。

●複利効果が期待できる

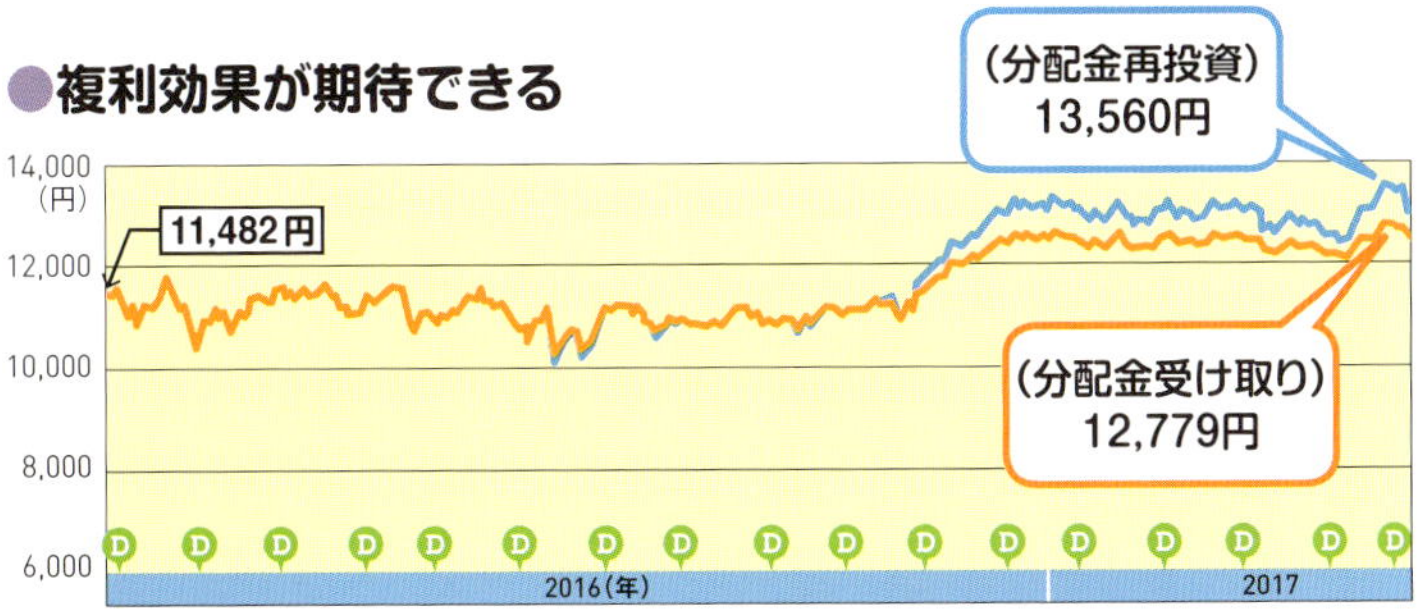

2016年1月に11,482円でAファンドを購入

●分配金受け取りの場合
12,779円（+11.3%）

●分配金再投資の場合
13,560円（+18.1%）

分配金を再投資することで、
投資効率がアップ
（注）あくまでも、投資信託の運用状況によります

46 運用のコツ――その4
いつでも解約（売却）できるものがいい

重要度 ★★★☆☆

運用期間が終わったら返金される

投資信託の「償還」とは、運用期間が終わって財産を清算し、口数に応じた償還金を投資家に返還することです。

償還には、設定時に定めた期日に行う「定時償還」と償還期日前に行う「繰上償還」があります（70ページ参照）。さらに償還期間が到来しても運用を継続する「償還延長」もあります。

また、投資信託を運用途中で解約するには次の2つの方法があります。

一つは「解約請求」という（販売会社を通して）運用会社との信託契約を解除して換金する方法です。もう一つは「買取請求」という換金したい投資信託を販売会社に買い取ってもらう方法です。

一般に解約といえば「解約請求」ですが、投資家の受け取る金額はどちらも変わりません。

解約期間に制限があるものも……

原則いつでも解約（換金）できますが、なかには「クローズド期間」という、解約期間に制限のあるファンドもあります。

これは、設定してから短期間のうちに大量の解約が出た場合に、解約による資金を捻出するためにポートフォリオの構築ができなくなることを避けるために設定されます。

クローズド期間は設定日から3か月～6か月、もしくは1年以内のファンドが多いようです。

用語解説　投資信託の乗り換え勧誘

金融業者が投資信託を勧誘する際、現在保有する投資信託の売却とほかの投資信託の取得をあわせて勧誘するには、売却するものと取得するものに対しての重要事項を説明することが義務づけられている。

• 解約（売却）を考えるときのポイント •

❶償還を迎えたとき（運用期間が終了）
❷自分の投資目標を達成したとき（目標収益に到達）
❸リバランスを行うとき（保有ファンドの資産比率を変更する）
❹リアロケーションを行うとき（資産配分そのものを見直す）
❺運用状況が悪く、これ以上見込みがないと判断したとき
（純資産総額の減少・投資対象の変化・運用方針の変更など）
※142ページ参照

追加型（オープン型）ならいつでも解約できる！
ただし、なぜ解約するのかまで考えることが大切

●投資目標達成での解約例

❶購入時（約定日）の投資金額と基準価額、口数
❷解約（売却）時の保有口数と基準価額

			投資金額	基準価額	口数
○○インデックスファンド	❷ 2017/5/12	投資信託売却	526,275(円)	13,820(円)	380,807
	2016/11/21	投資信託分配金		0	
	2015/11/20	投資信託分配金		0	
	2014/11/20	投資信託分配金		0	
	❶ 2014/4/1	投資信託購入	400,000(円)	10,504(円)	380,807

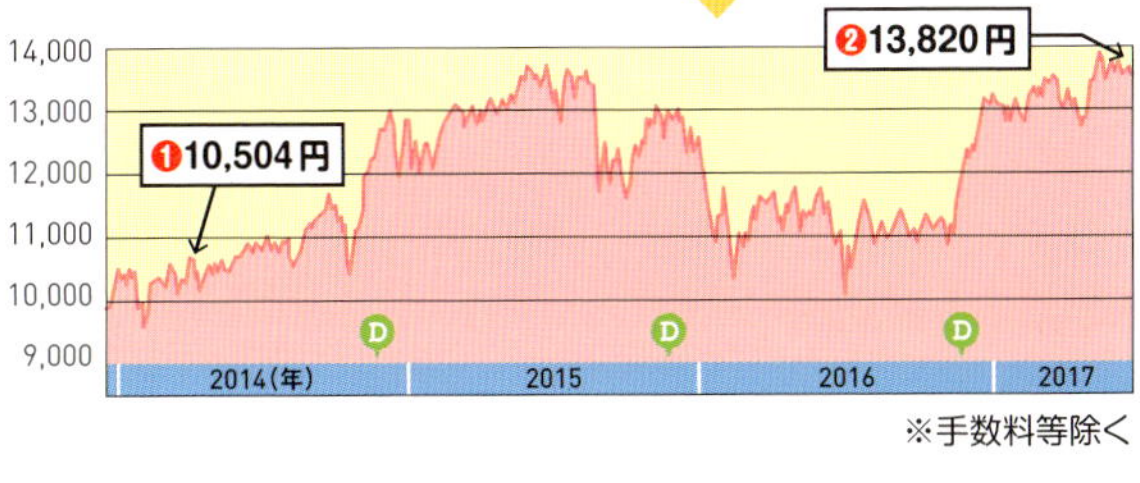

※手数料等除く

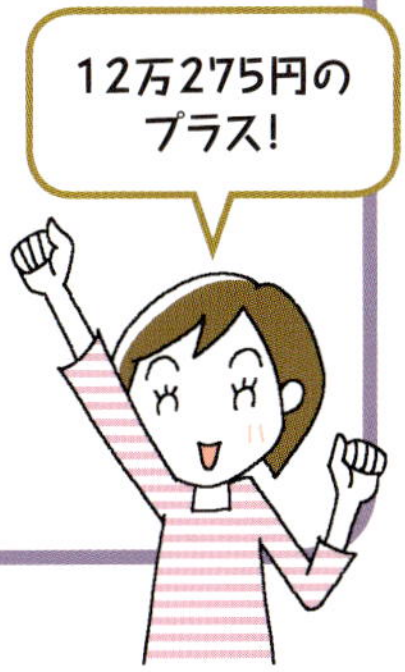

47

運用のコツ――その5

運用状況のチェックを怠らない

重要度 ★★★★☆

運用レポートと月次報告書

投資信託をスタートしたら、必ず定期的に運用状況をチェックしましょう。

チェックするものに「運用レポート（交付運用報告書）」と「月次報告書」があります。

運用レポートは、投資信託の決算期ごと（毎月分配型は半年ごと）に作成されて投資家に送付されます。投資信託の運用状況や今後の運用方針などが載っています。

月次報告書は、運用会社が月ごと（週次もあり）に作成しています。投資しているファンドのパフォーマンスや組み入れている銘柄の上位のもの、運用概況や今後の方針など、**運用レポートよりもタイムリーな情報が載っています**。

運用レポートとあわせて活用するといいでしょう。

3か月に一度はチェックする

これらの報告書をもとに、3か月に一度は投資しているファンドの「**運用実績**」「**投資環境**」「**運用の概況**」「**今後の運用方針**」をチェックしましょう。

投資信託は購入したあとが重要です。ファンドの好不調はもちろん、今後の運用方針が自分の考える投資環境にあったものなのかを見ます。

今後の運用を判断するためにも、定期的なチェックは大切です。

アドバイス **運用方針を見るときのポイント**

POINT

運用方針のチェックには、自分の投資する資産クラス（株・債券など）に投資するファンドなのかを見ることが大切。たとえば、運用方針に「おもに海外株（新興国）に投資」とあった場合、安定的な運用を望む人には不向きだ。

月次報告書のチェックポイント

例：日本新世紀　日本・小型株・ファンド

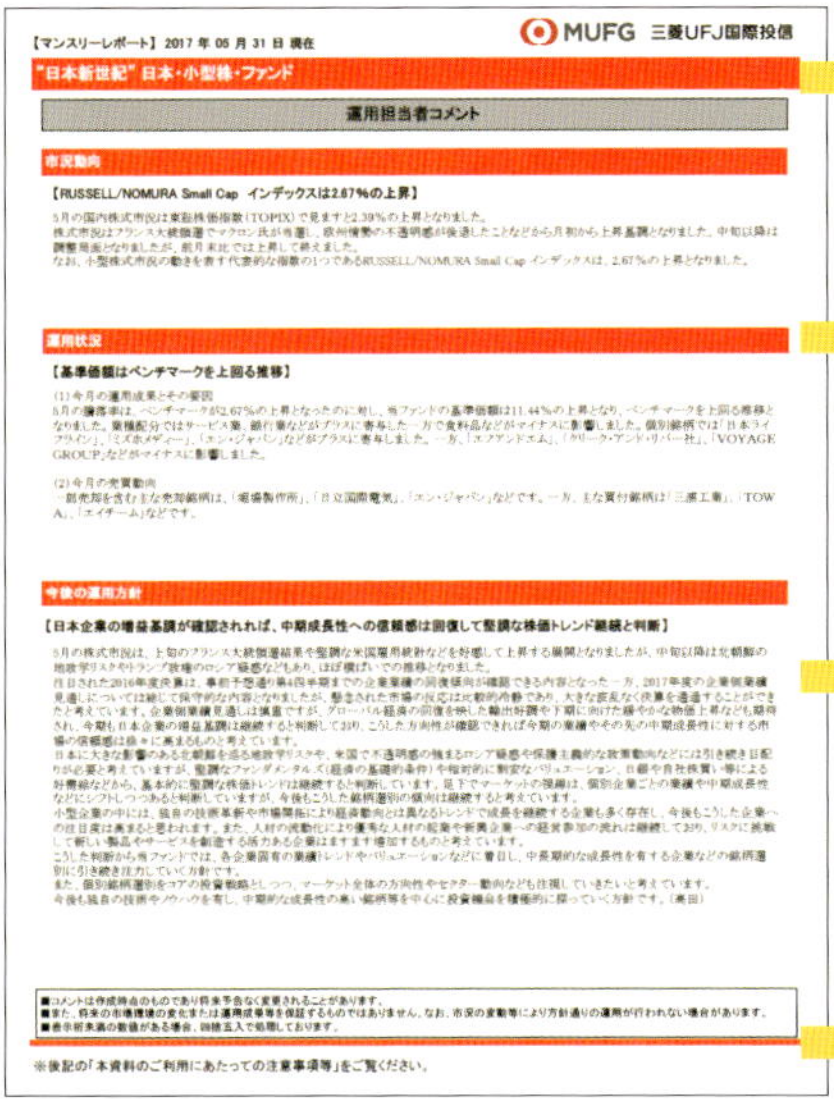
【マンスリーレポート】 2017 年 05 月 31 日 現在　MUFG 三菱UFJ国際投信

"日本新世紀" 日本・小型株・ファンド

運用担当者コメント

市況動向

【RUSSELL/NOMURA Small Cap インデックスは2.67%の上昇】

運用状況

【基準価額はベンチマークを上回る推移】

(1) 今月の運用成果とその要因

(2) 今月の売買動向

今後の運用方針

※後記の「本資料のご利用にあたっての注意事項等」をご覧ください。

6ページから10ページくらいで構成されています

市況動向
ファンドの運用主体となる株式市場、運用の目安となる指数の動向などを、背景や要因を含めて記載

前月の運用状況
運用成果（ベンチマーク比+2.67%に対し、基準価額は+11.44%）と、売買の動向やその要因が記載

今後の運用方針
このファンドでは、当初の方針どおり、中長期的な成長性があると判断できる、新興企業などの小型株を中心に運用していくとある

●運用レポートのチェックポイント

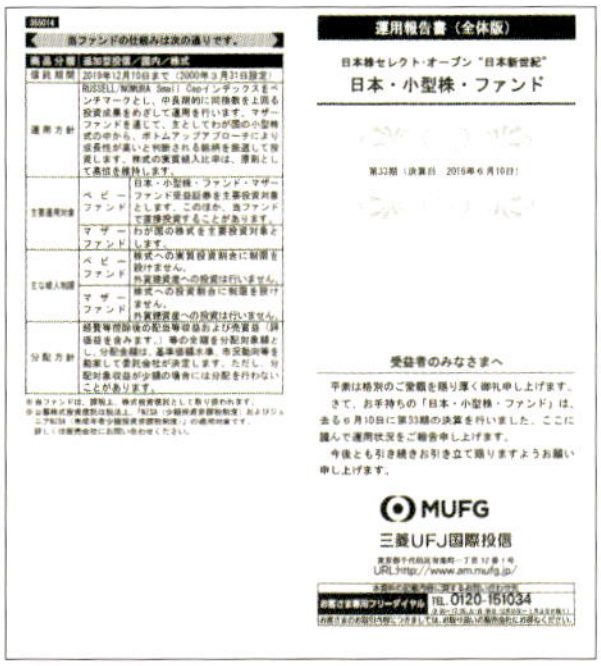
運用報告書（全体版）

日本株セレクト・オープン "日本新世紀"
日本・小型株・ファンド

受益者のみなさまへ

MUFG
三菱UFJ国際投信

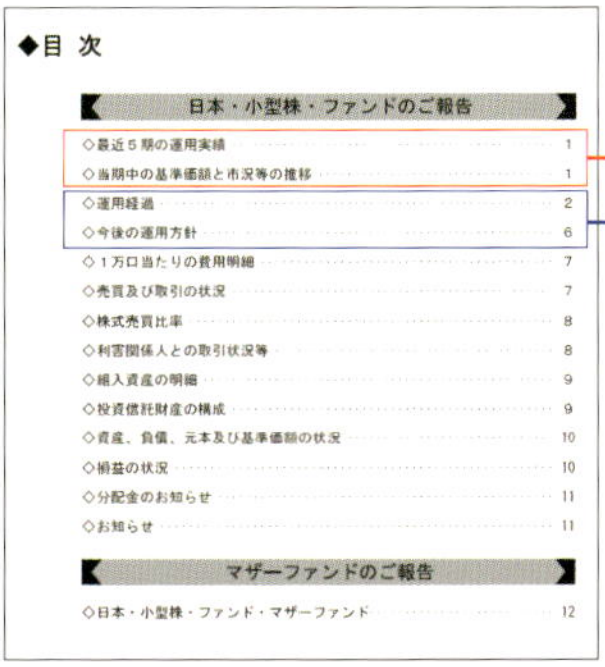
◆目 次

日本・小型株・ファンドのご報告

◇最近５期の運用実績	1
◇当期中の基準価額と市況等の推移	1
◇運用経過	2
◇今後の運用方針	6
◇１万口当たりの費用明細	7
◇売買及び取引の状況	7
◇株式売買比率	8
◇利害関係人との取引状況等	8
◇組入資産の明細	9
◇投資信託財産の構成	9
◇資産、負債、元本及び基準価額の状況	10
◇損益の状況	10
◇分配金のお知らせ	11
◇お知らせ	11

マザーファンドのご報告

◇日本・小型株・ファンド・マザーファンド	12

●決算期（1年間、半年間など）までの運用状況や基準価額の推移
●直近5期間の運用実績　をチェック

●これまでの運用経過
●今後の運用方針　をチェック

運用レポートは、決算期ごとに発行されます

48

運用のコツ——その6

解約のポイントは「純資産総額」

重要度 ★★★☆☆

譲渡益を狙うのは正しい？

投資信託の運用は中・長期が基本です。とはいえ、投資信託も金融商品。基準価額が上昇したところで売って、売却益を得るという方法も間違いではありません（とくにアクティブ型の場合）。

ただ投資信託の基準価額は、株式のように頻繁に値動きしません。よって解約を考えるのは、投資しているファンドの「不調」により運用方針に変化があり、**当初の方針とあわなくなってきたときなどです**。

不調だったら解約すべき？

では、投資信託の「不調」を見極めるポイントは何でしょう？　**この場合、基準価額よりも注目しなければならないのは「純資産総額」です**。一般に純資産総額が30億円を下回ったファンドは、繰上償還の恐れがあるとされています。

純資産総額が減少しているということは、運用資産の規模が縮小していることを意味します。当然、今後の運用効率が悪化していくことが考えられます。**運用成績が悪化する恐れがあるなら、たとえ基準価額が高くても解約を検討すべきです**。

一方で、基準価額が落ちていても純資産総額が増えているファンドは、今後の環境の変化で運用成績を取り戻す可能性もあります。安易な解約は控えましょう。

アドバイス　売買を目的とするなら「ETF」

POINT

基本的に投資信託は売買目的中心で選ばず、中・長期運用がメイン。ETF（上場投資信託、92～97ページ参照）の場合、売買価格がリアルタイムにわかるので、売買を目的にするなら、ETFを運用するのも一つの手。

とくに解約すべきポイント

❶運用方針が当初と違ってきている場合

▶自らの意図が変わった場合

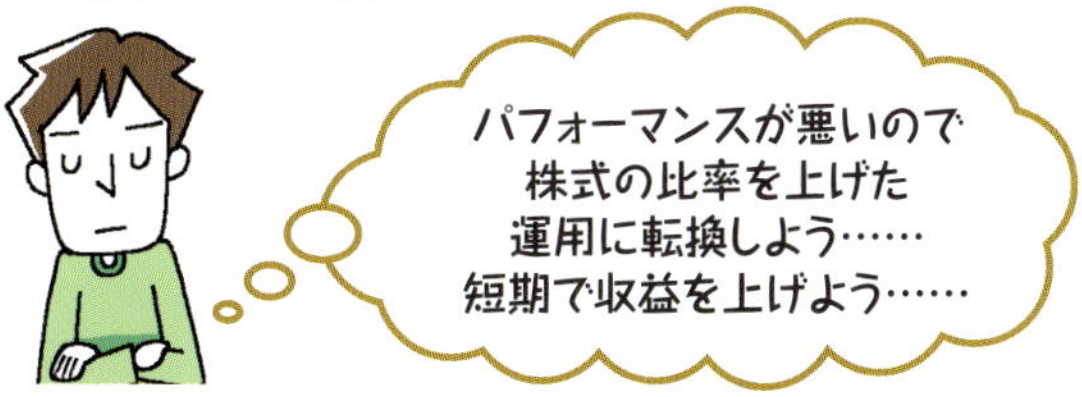

▶ファンドの運用方針が変わってきた場合
（月次報告書などから）

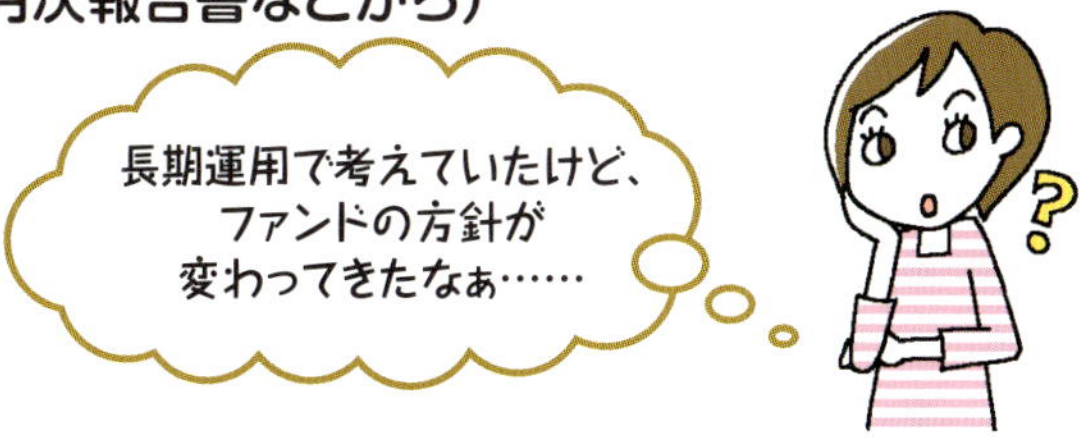

❷純資産総額が30億円を割ってきた場合

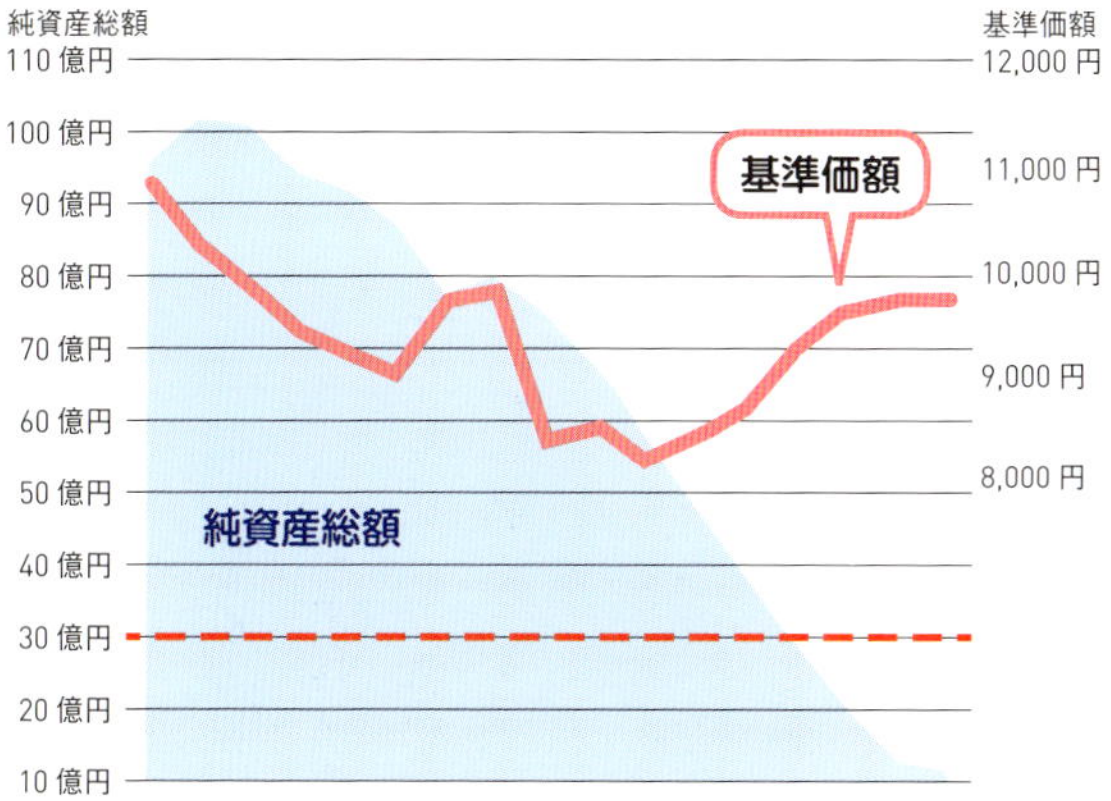

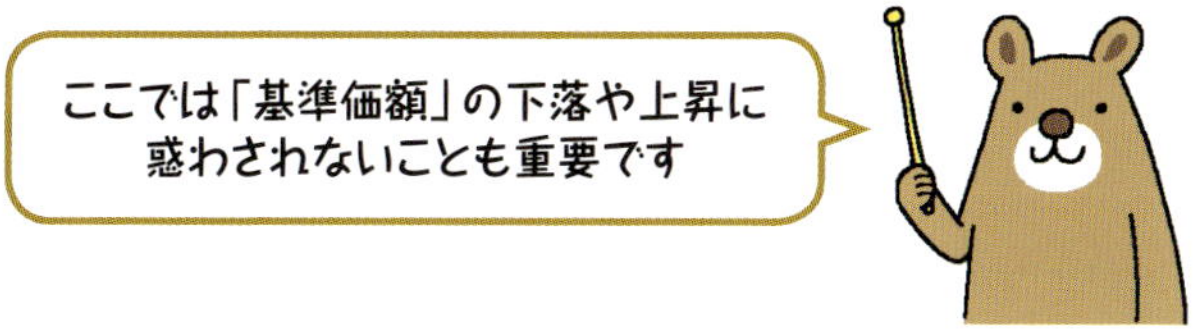

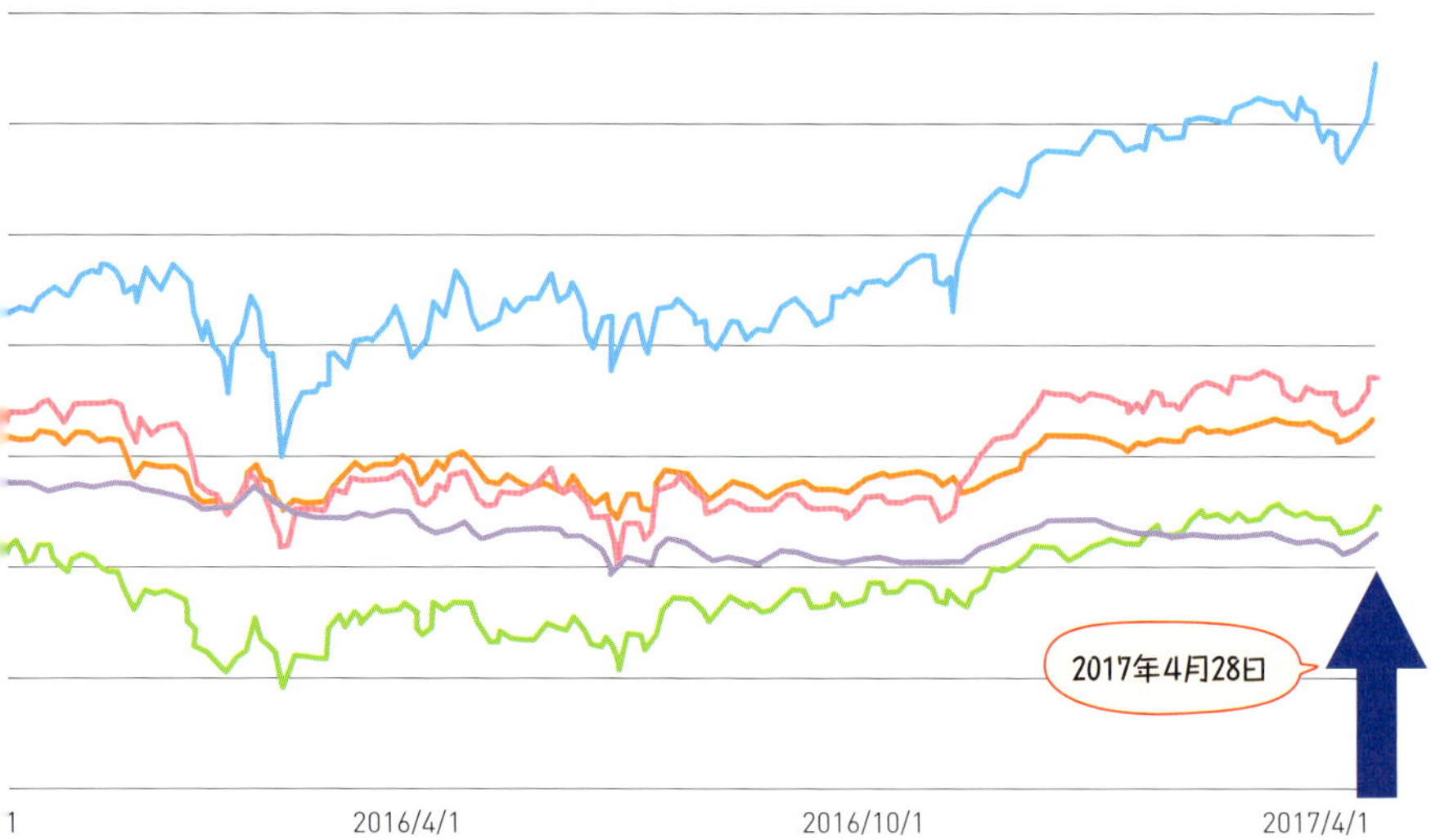
2017年4月28日
1
2016/4/1
2016/10/1
2017/4/1

計算方法

18,952円×96,079口÷1万口

基準価額　購入口数

※小数以下切り捨て

●2017年4月28日時点の評価

ファンド	基準価額	評価額	損 益	損益率
A	18,952円	182,088円	82,088円	82.08%
B	13,820円	526,275円	126,275円	31.56%
C	11,470円	238,585円	38,585円	19.29%
D	10,770円	209,858円	9,858円	4.92%
E	12,967円	99,930円	−70円	−0.07%
5銘柄合計		1,256,736円	256,736円	25.67%

計算方法

182,088円÷10万円

評価額　投資金額

※手数料・分配金は除く

中・長期の保有で、
途中の下落も
カバーしているのね

ケーススタディ

100万円での分散投資例

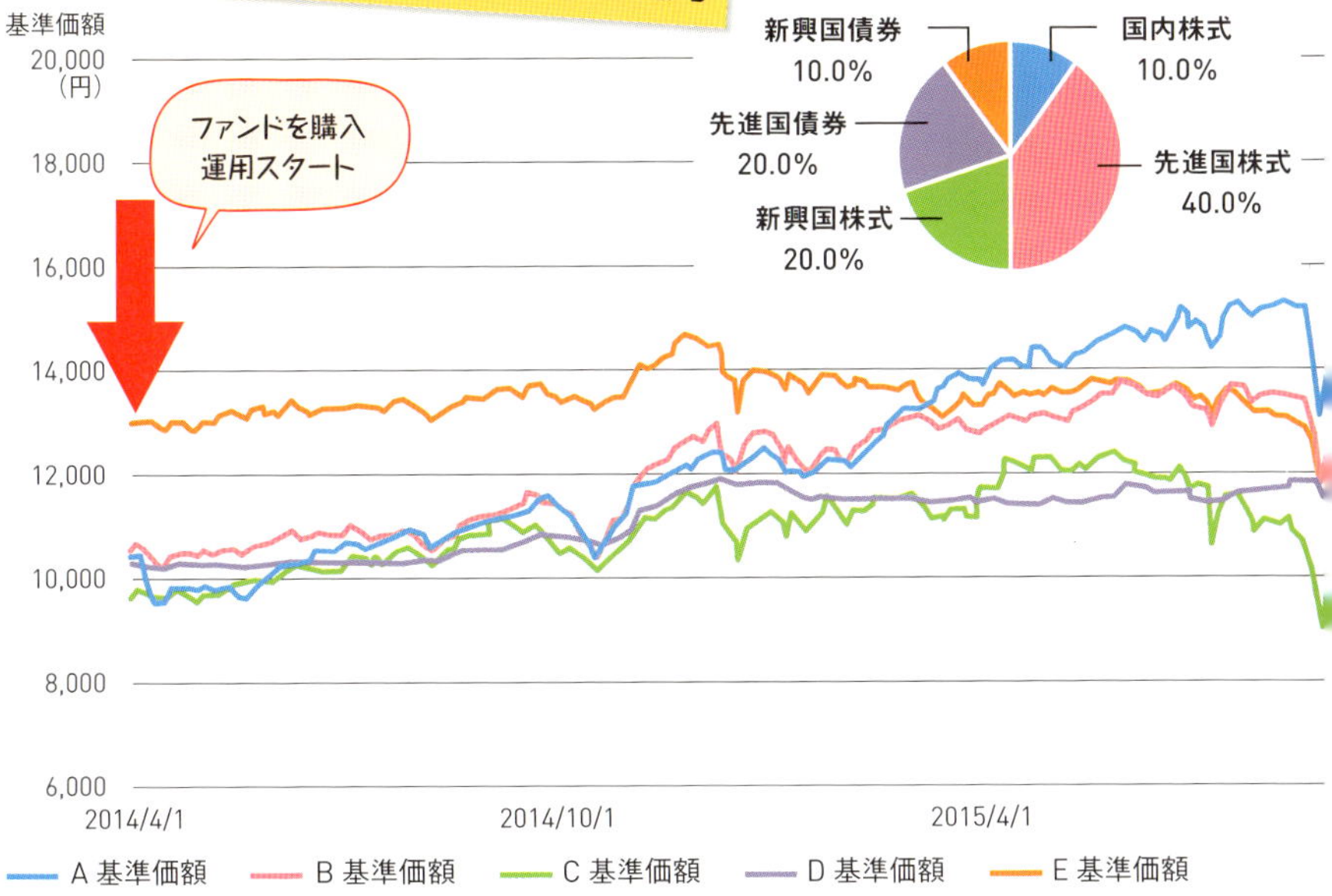

●2014年4月1日に各ファンドを購入

ポートフォリオを作成し、2014年4月から分散投資を始めた場合の運用実例

購入ファンド	平均購入価格	購入口数	投資金額
A（国内株式・オープン）	10,408円	96,079口	10万円
B（先進国株式・インデックス）	10,504円	380,807口	40万円
C（新興国株式）	9,615円	208,008口	20万円
D（先進国債券・インデックス）	10,264円	194,855口	20万円
E（新興国債券・インデックス）	12,976円	77,065口	10万円
5銘柄合計			100万円

計算方法

10万円÷（10,408円÷1万口）

投資金額　平均購入価格

※小数以下切り捨て

Column

投資信託を選ぶ際のポイントまとめ

①初めての運用は「インデックス型」

インデックス型ファンドは、コストが比較的安いものが多く、分散投資を自動的に行っています。

②「純資産総額」が多いもの

純資産総額＝運用余力＝ファンドの規模となり、多いほうがよいでしょう。とくに、減少しているファンドには要注意。

③分配回数の少ないもの

複利効果を得るには、分配金よりも収益再投資で運用するほうがよいのです。とくに、分配金が下がってきているファンドには注意。

④信託報酬の少ないもの

ノーロード型でも信託報酬が高いファンドはＮＧ。

⑤ベンチマークとの乖離に注意

ベンチマークよりも運用実績が下回っているファンドはＮＧ。

⑥トータルリターンは5％以上

トータルリターンは、ファンドの総合的な収支を表します。少なくとも5年リターン5％以上のものにしましょう。

⑦シャープレシオの理想は0・5以上

シャープレシオはリスクに見合ったリターンを得ているかを表す指標。数値が大きいほどパフォーマンスがよいのです。

巻末

iDeCo（個人型確定拠出年金）活用法

巻末①

iDeCoのしくみ

iDeCoで老後資金を確保する

自ら老後資金を確保する

２０１７年1月から、20歳以上60歳未満の方が「個人型確定拠出年金」に加入できるようになりました。その名称がｉＤｅＣｏ（イデコ）です。この制度には**今までの年金（国民年金・厚生年金・企業年金など）に上乗せする年金を、自分で作る努力をしてください、という意味が込められています**。

自ら取り扱い金融機関（銀行など）を選んで、積立金をその機関にある金融商品で運用していきます。その運用成績によって、受け取れる金額が増減することもあります。

ｉＤｅＣｏでは拠出できる金額（掛金）の上限額を個人の属性ごとに区分しています。**掛金とその運用収益の合計額をもとに60歳からの年金給付額が決まります**。

掛金は最低月額５０００円から設定できます。なお、掛金の変更は原則年1回、上限範囲内で可能です。

60歳になるまで引き出せない

あくまで「年金」なので、原則60歳までは引き出せません。また、加入期間によって受給開始年齢が異なるので確認してください。

転職などで勤務先が変わってもこれまでの積立資産はそのまま移転できます。

また、通常の年金のように毎月受け取る方法だけでなく、一時金（一括でも一部でも可）としても受け取れます。

用語解説 元本確保型商品

iDeCoでの元本確保型（元本保証型）は、おもに定期預金や年金保険などで運用される。とくに市中の銀行金利よりも利率が高いわけではない。近年の低金利下では、管理手数料等を考えると、これを選択するメリットは少ない。

iDeCo（個人型確定拠出年金）のしくみ

●60歳まで積み立て運用をして年金給付を受ける

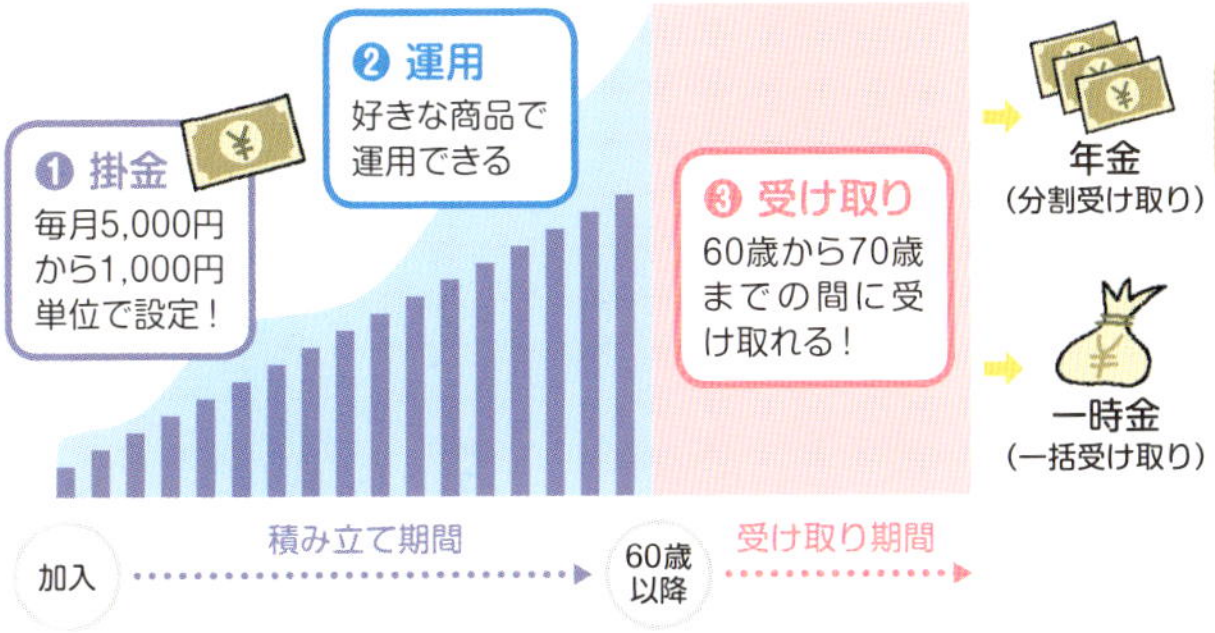
❶ 掛金
毎月5,000円から1,000円単位で設定！
❷ 運用
好きな商品で運用できる
❸ 受け取り
60歳から70歳までの間に受け取れる！
年金
（分割受け取り）
一時金
（一括受け取り）
加入
積み立て期間
60歳以降
受け取り期間

自分のための自助努力

●申込先金融機関（運営管理機関）

※厚生労働省・金融庁に承認を受けた機関

証券会社
信託銀行
iDeCo
銀行・信用金庫
生損保会社

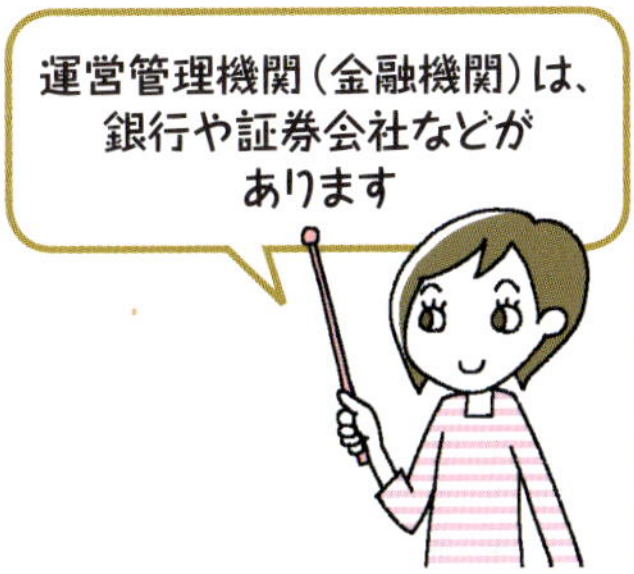
運営管理機関（金融機関）は、銀行や証券会社などがあります

●運用する商品……元本を確保しない投資信託と、元本を確保する預金・保険などがある

国内株式
海外債券
バランス型
運用投資信託
REIT
国内債券
海外株式

定期預金
傷害保険
元本確保型
積立年金保険

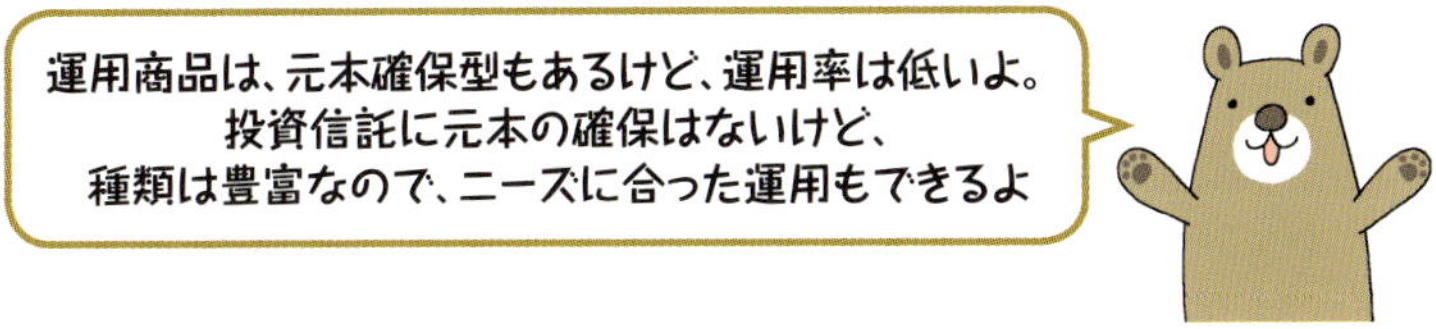
運用商品は、元本確保型もあるけど、運用率は低いよ。投資信託に元本の確保はないけど、種類は豊富なので、ニーズに合った運用もできるよ

巻末②

iDeCoのメリット・デメリット

iDeCo最大のメリットは税金の優遇

掛金や運用益に税金がかからない

iDeCo最大のメリットは税金の優遇が受けられることです。

まず、掛金の全額が税額控除となります。たとえば掛金が毎月2万円（年間24万円）で、所得税率を20％と仮定すると年に4万8000円の軽減となります。これを30年間で考えれば144万円の軽減になります。

また運用収益には通常、源泉分離課税20・315％が課せられますが、iDeCoでは非課税です。

そのうえ年金給付時には、一時金で受け取ったら「退職所得控除」、年金受け取りの場合は「公的年金等控除」が適用されるなど、税金面の優遇はかなり高いといえます。

iDeCoにはデメリットもある

いいことずくめのようですが、デメリットもあります。まず、60歳になるまで積立金を引き出せないということです。

また、**運用する金融機関には口座管理手数料を支払わなければなりません**（金融機関によって金額は変わります）。税金についても、年収103万円以下の専業主婦はもともと所得税非課税範囲なので、iDeCoの所得控除のメリットはありません。

掛金が必要で手数料が発生する――自分の所得や今後のライフスタイルを考えたうえでの検討が必要です。

用語解説　口座管理手数料

掛金の徴収や資産管理、運用指図の取りまとめに加え、インターネットやコールセンターを通じた、加入者へのさまざまなサポートにかかる費用。加入者が負担するもので、毎月の掛金から差し引かれる。

iDeCoのメリットは税制優遇

❶掛金全額が所得控除

※掛金月23,000円　課税所得400万円の会社員の例

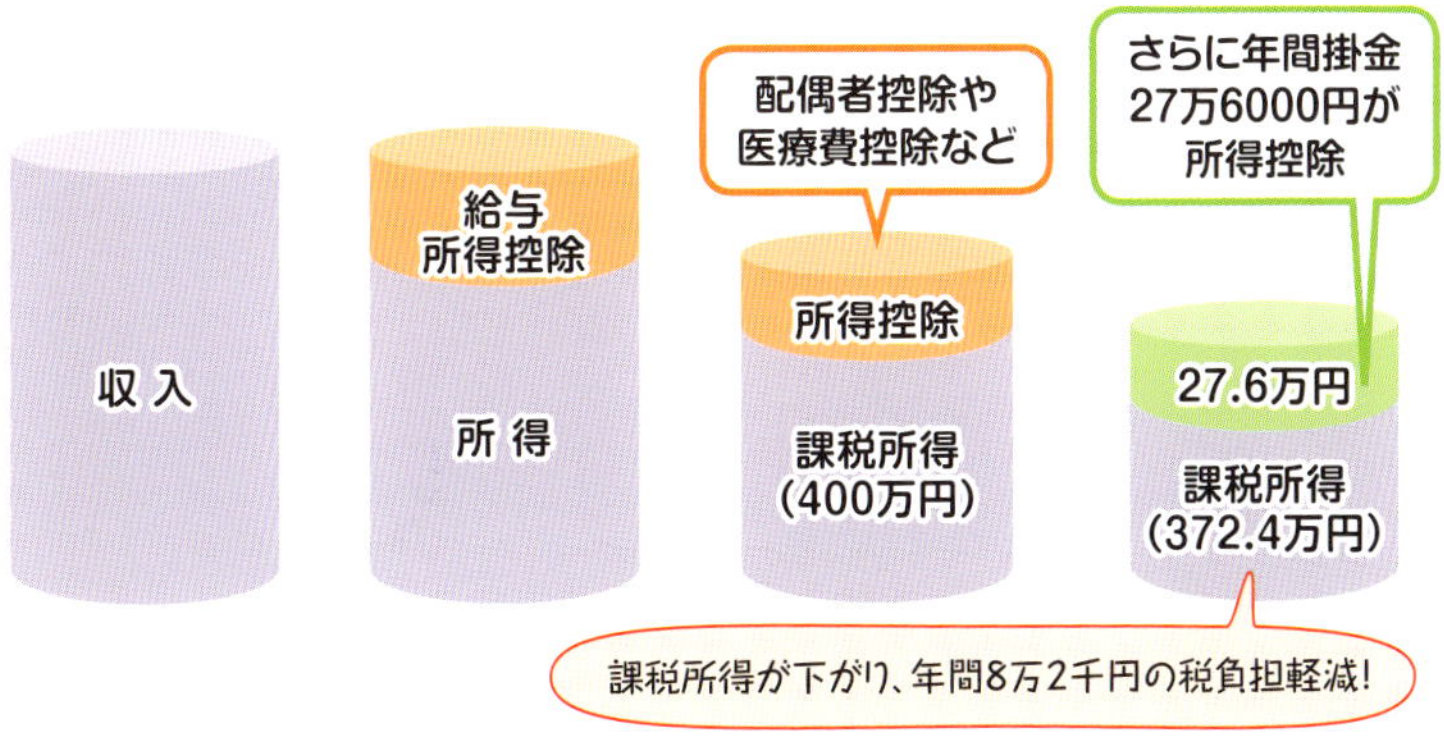

❷運用中の運用益も非課税

※掛金月23,000円を年率2%で37年間運用

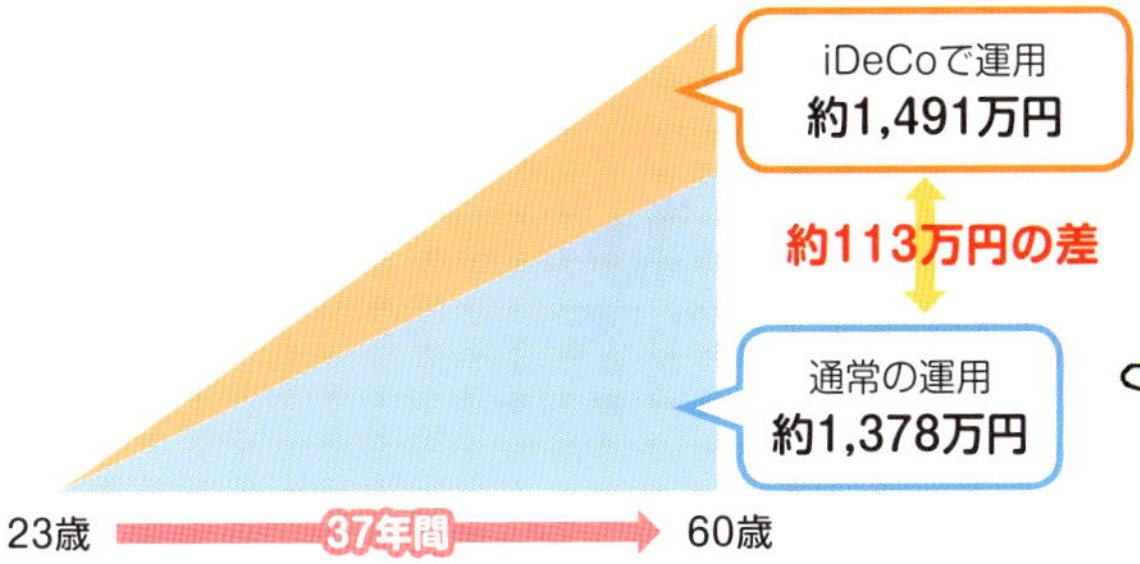

❸受け取り時（給付時）にも控除がある

一時金で受給する場合
退職所得控除

一時金受取額から、退職所得控除額を差し引いた額の2分の1の金額に対して課税される。

退職所得控除額は、（40万円×20年）＋（70万円×〈拠出年数−20年〉）で計算する
※過去に退職一時金を受け取っている場合は注意

年金で受給する場合
公的年金等控除

公的年金控除額は、公的年金の収入額から控除される額。

公的年金の収入額と、65歳未満か65歳以上かで計算方法が違うので、国税庁等の速算表で確認が必要

iDeCoを活用する

iDeCoを始めるのは簡単

口座開設の前に決めておくこと

ｉＤｅＣｏを始める前に次のことを決めておいてください。

①運用管理機関（金融機関）を選ぶ

まずは、運用する金融機関を選びます。その際にチェックするのは、口座管理手数料や加入時手数料の金額、取り扱っている金融商品の数と内容です。

②掛金

自分の拠出（掛金）上限を確認して毎月の掛金を決めます。１か月あたり５０００円以上で、１０００円単位で決められます。

③運用商品

金融機関ごとに取り扱う商品は異なります。

口座開設に必要なこと

申し込みには次のうち、自分に該当する書類を運用金融機関に提出します。

- **個人型確定拠出年金申出書**……第１号～第３号被保険者用から自分が該当するもの
- **第２号加入者に関わる事業主の証明書**……公務員や企業年金に加入している会社員
- **個人資産移換依頼書**……企業型確定拠出年金からの移換を行う場合

各書類については金融機関に申し込みキットが用意されています。自分が第何号被保険者なのかを確認し、年金手帳から国民年金の基礎番号を確認してください。

用語解説　企業型確定拠出年金（401K）

会社が拠出した掛金を、加入者が自分で運用し、その運用結果に基づいて給付を受ける制度。会社が従業員の福利厚生の一部として加入する制度となっている。

・人によって掛金の上限額は変わる・

※2017年9月現在

職業				拠出限度月額
自営業者等				(※) 68,000円
会社員	企業型確定拠出年金なし	確定給付年金	なし	23,000円
			あり	12,000円
	企業型確定拠出年金あり	確定給付年金	なし	20,000円
			あり	12,000円
公務員等				12,000円
専業主婦等				23,000円

(※) 限度額は、国民年金基金もしくは付加年金と合算となる

●iDeCo開始までの流れ

1 運用管理機関(金融機関)に申し込み

iDeCoは、1人1口座。
金融機関によって、
毎月の申込締切日が異なります

2 積み立て金額(掛金)を決める

掛金は、5,000円以上。
1,000円単位で
積み立てられます

3 運用する商品を選ぶ

各金融機関の
ラインナップから、
運用商品を選びます

4 積み立て開始

申込月から
積み立て開始まで、
2か月かかります

巻末④

iDeCo運用中の注意点

一般の投資と同じように運用される

運用損益によって受給額も変わる

運用商品には「元本確保型商品（預金や保険など）」と「投資信託」があります。

さらに投資信託には、公社債、株式、バランス型など、さまざまあります。

当然、**一般の投資と同じように投資信託では運用損益によって受け取れる金額が変わります**。ゆえに運用商品の選択は重要です。また、投資信託の手数料である「信託報酬」も金融機関によって異なります。

途中で運用を変更できる

運営機関は最低でも年1回、加入者に管理資産額・運用指図の内容などを書面で通知します。随時インターネット等で運用状況を確認できる機関もあります。

これらをもとに、定期的に（最低でも年2回）自分の運用資産額等をチェックしてください。状況によっては「配分変更」や「スイッチング」など、運用方針の変更が必要です。

「配分変更」とは、当初決めていた運用商品の比率を変更することです。たとえばA投信に50%、B投信に30%、C投信に20%としていたものを、A30%、B40%、C30%というように変えます。

「スイッチング」とは、たとえばA投信を解約してD投信に買い換えるということです。その際、投資信託によっては解約時に支払う信託財産留保額が発生します。

アドバイス iDeCoの運用商品選択

POINT

分散投資が基本となるので、自ら方針を決めて株式・債券・REITなどを組み合わせることが重要。「この組み合わせがベスト」というのはなかなかないので、できれば専門家（ファイナンシャル・プランナー）などに相談しよう。

iDeCoの運用例（うまくいけばこうなる）

25歳　年収300万円　／月々の掛金10,000円で始める

❶ 手堅く年率2%の利回りで運用を目指す

2%のアセットアロケーション例

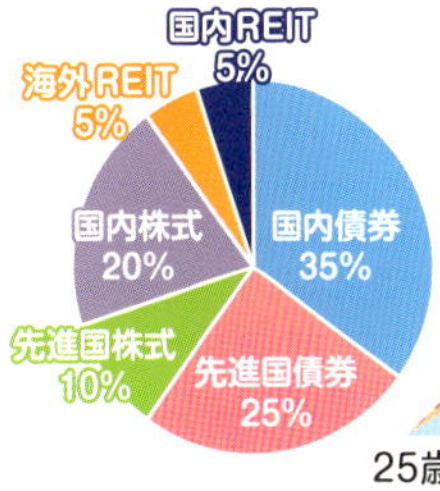

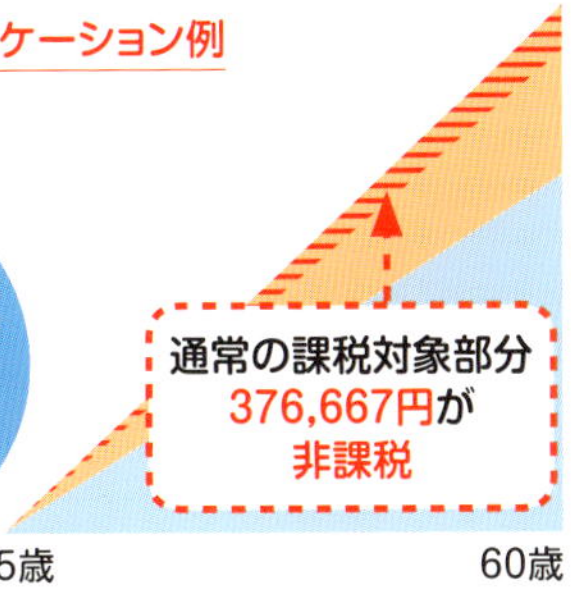

運用益1,854,134円
＋
積立元本4,200,000円
＝
運用結果6,054,134円

❷ 多少のリスクを考慮して、年率3.5%の利回りで運用を目指す

3.5%のアセットアロケーション例

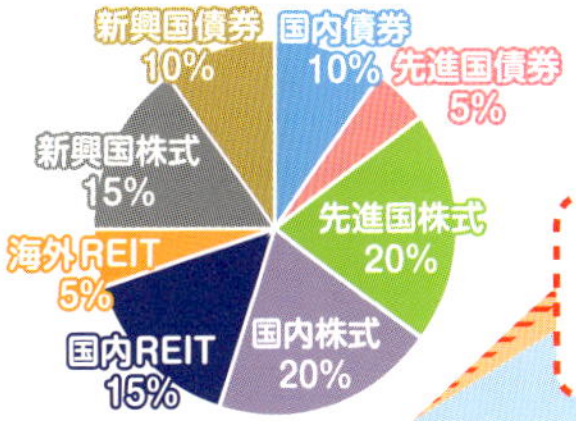

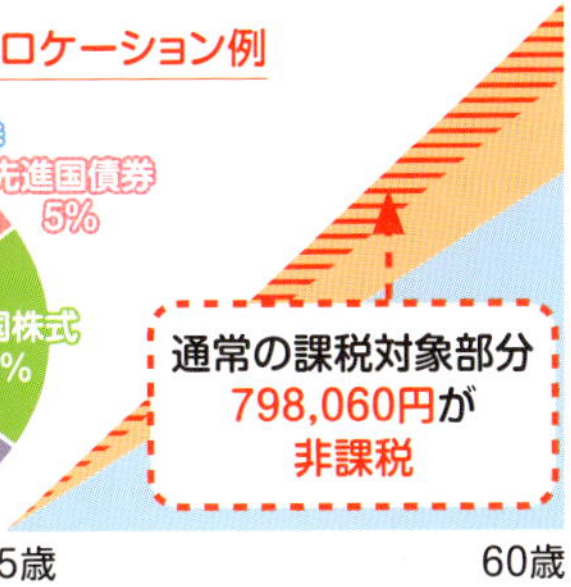

運用益3,928,431円
＋
積立元本4,200,000円
＝
運用結果8,128,431円

❸ リスクを取って年率5%の利回りで運用を目指す

5%のアセットアロケーション例

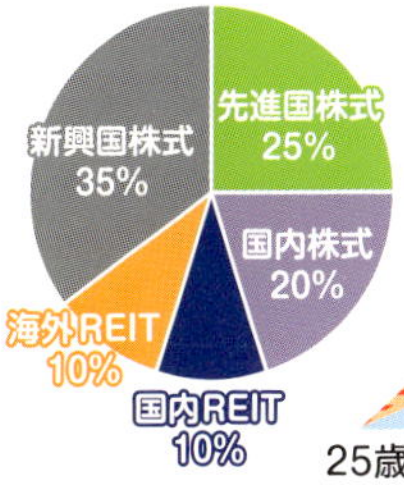

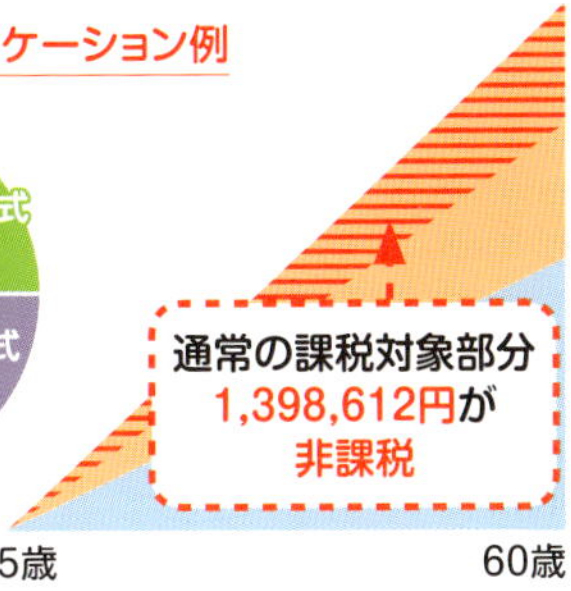

運用益6,884,629円
＋
積立元本4,200,000円
＝
運用結果11,084,629円

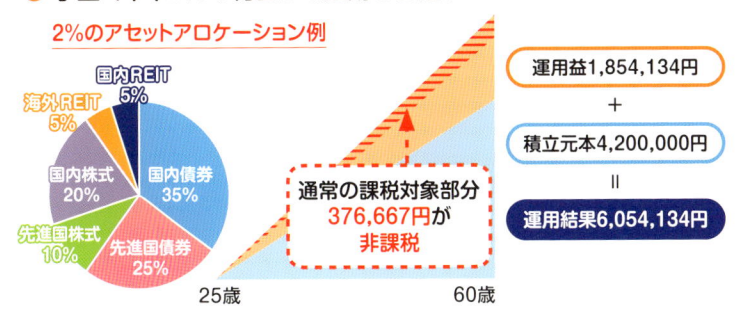

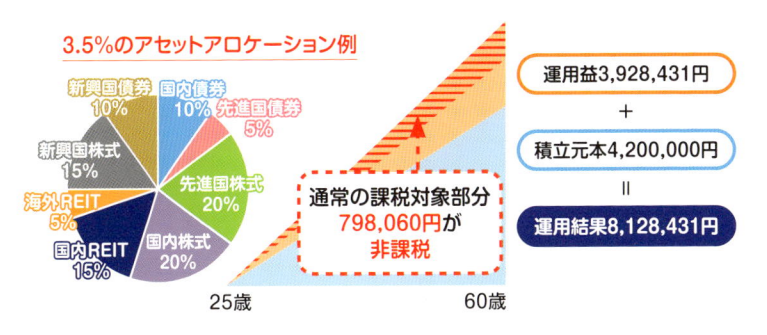

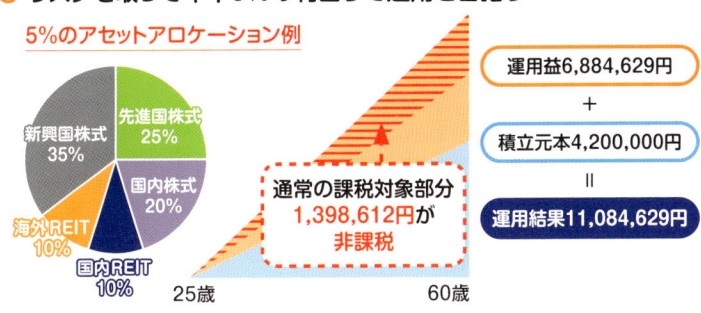

Q4 主婦ですが、夫の口座からの引き落としで掛金を支払えますか？

A 支払えません。

第3号加入者の掛金は、**対象者個人の口座（本人名義の銀行口座）からの引き落としのみ**になっています。

iDeCoの掛金は「小規模企業共済金等掛金控除」という税制優遇で、所得控除の対象になっています。ただし、加入者本人の掛金しか所得控除の対象になりません。

Q5 iDeCoに加入する方法がわからないのですが？

A iDeCoに加入するにはまず、金融機関の窓口やインターネットサイトなどに問い合わせて、その金融機関から**申込書類等を取り寄せてください**。

「iDeCoナビ」という専用サイトもあります。iDeCoに関する情報を掲載しているので参考にしてください。

iDeCoナビ：http://www.dcnenkin.jp/

Q6 iDeCoの手数料はどうなっているのですか？

A まず、加入するには一律、2,777円がかかります（加入時に納入）。

また、金融機関ごとの口座管理料等（年間2,000円～8,000円、無料のところもあり）、運用商品のコスト（投資信託の信託報酬など）がかかります。

口座管理料や運用商品のコストは、金融機関や運用商品によって異なります。始める前にこれらのコストを比べて、金融機関を選ぶ助けにしてください。

iDeCoに関する

Q1 iDeCoは誰でも加入できますか？

A 基本的に20歳以上60歳未満の、国民年金の被保険者すべての方が対象です（日本に居住の外国人も含みます）。

ただし第1号被保険者で、国民年金保険料免除を含め、**納付していない人は加入できません。**

また、企業型確定拠出年金の加入対象者で、個人型確定拠出年金の加入が認められていない人も加入できません。

Q2 自営業者ですが、就職して厚生年金に加入した場合はどうなりますか？

A そのまま個人の年金として継続できます。

ただし、**掛金は月額23,000円が上限となるので、これまで68,000円を拠出していた場合は、掛金を下げることとなります。**

Q3 途中で解約できる場合はありますか？

A 原則、途中解約できません。

iDeCoは年金制度として「老後」の資産形成を目的に創設された制度なので、**原則60歳まで、資産の引き出しは認められません。**

反面、老後の資産形成を目的とした「年金制度」ということで、さまざまな税制優遇が受けられるのです。

例外として、国民年金免除者になるなど、一定条件を満たした場合のみ「脱退一時金」として受け取れるようになっています。

Index

著者

湯之前敦　ゆのまえ あつし

1965年生まれ。ファイナンシャルプランナー（AFP）。国際テクニカルアナリスト連盟認定テクニカルアナリスト。30年間、金融業界に従事。2000年以降はファイナンシャルプランナーとして、個人の資産運用・ライフプラン・住宅ローンの相談・見直し等に携わる。総相談件数は1000件以上にのぼる。


〈著書〉

『いちばんカンタン！　資産運用の超入門書』（高橋書店）

いちばんカンタン！

投資信託の超入門書

著　者　湯之前　敦
発行者　高橋秀雄
編集者　原田幸雄
発行所　**株式会社 高橋書店**
〒112-0013　東京都文京区音羽1-26-1
電話　03-3943-4525

ISBN978-4-471-21080-9　©YUNOMAE Atsushi　Printed in Japan

本書の内容についてのご質問は「書名、質問事項（ページ、内容）、お客様のご連絡先」を明記のうえ、郵送、FAX、ホームページお問い合わせフォームから小社へお送りください。

回答にはお時間をいただく場合がございます。また、電話によるお問い合わせ、本書の内容を超えたご質問にはお答えできませんので、ご了承ください。本書に関する正誤等の情報は、小社ホームページもご参照ください。

【内容についての問い合わせ先】
書　面　〒112-0013　東京都文京区音羽1-26-1　高橋書店編集部
F A X　03-3943-4047
メール　小社ホームページお問い合わせフォームから　（http://www.takahashishoten.co.jp/）

【不良品についての問い合わせ先】

ページの順序間違い・抜けなど物理的欠陥がございましたら、電話03-3943-4529へお問い合わせください。

ただし、古書店等で購入・入手された商品の交換には一切応じられません。